Couvertures supérieure et inférieure en couleur

BIBLIOTHÈQUE ROSE ILLUSTRÉE

NOUVEAUX
CONTES DE FÉES

POUR LES PETITS ENFANTS

PAR

Mme LA COMTESSE DE SÉGUR

NÉE ROSTOPCHINE

ILLUSTRÉS DE 46 VIGNETTES
PAR GUSTAVE DORÉ ET JULES DIDIER

NOUVELLE ÉDITION

PARIS
LIBRAIRIE HACHETTE ET Cie
79, BOULEVARD SAINT-GERMAIN, 79

LE JOURNAL DE LA JEUNESSE

NOUVEAU RECUEIL HEBDOMADAIRE ILLUSTRÉ
POUR LES ENFANTS DE DOUZE A QUINZE ANS

CONDITIONS DE VENTE ET D'ABONNEMENT

Un numéro comprenant 16 pages grand in-8 paraît le samedi de chaque semaine.

Prix de chaque année, brochée en 2 volumes : **20 fr.**

Chaque semestre, formant un volume, se vend séparément : **10 fr.**

Le cartonnage en percaline rouge, tranches dorées, se paye en sus par volume **3 fr.**

Prix de l'abonnement pour Paris et les départements :
un an, **20 fr.** ; six mois, **10 fr.**

Prix de l'abonnement pour les pays étrangers qui font partie de l'Union générale des postes : un an, **22 fr.** ; six mois, **11 fr.**

Les abonnements se prennent du 1ᵉʳ décembre et du 1ᵉʳ juin de chaque année.

MON JOURNAL

NOUVEAU RECUEIL HEBDOMADAIRE
ILLUSTRÉ DE NOMBREUSES GRAVURES EN COULEURS ET EN NOIR
A L'USAGE DES ENFANTS DE HUIT A DOUZE ANS

MON JOURNAL, à partir du 1ᵉʳ octobre 1892, est devenu hebdomadaire de mensuel qu'il était, et convient à des enfants de 8 à 12 ans.

Il paraît un numéro, le samedi de chaque semaine.
Prix du numéro, **15 centimes.**

ABONNEMENTS :

FRANCE { Six mois . . 4 fr. 50 / Un an . . . 8 fr. } | **UNION POSTALE** { Six mois 5 fr. 50 / Un an 10 fr. }

L'année 1892-1893 : brochée, 8 fr. ; cartonnée avec couverture en couleurs, 10 fr.

Paris. — Imprimerie LAHURE, rue de Fleurus, 9.

NOUVEAUX
CONTES DE FÉES

POUR LES PETITS ENFANTS

OUVRAGES DU MÊME AUTEUR

PUBLIÉS DANS LA BIBLIOTHÈQUE ROSE ILLUSTRÉE
PAR LA LIBRAIRIE HACHETTE ET Cie

Un bon petit diable ; 1 vol. avec 100 gravures d'après Castelli.
Quel amour d'enfant ! 1 vol. avec 79 gravures d'après É. Bayard.
Pauvre Blaise ; 1 vol. avec 96 gravures d'après H. Castelli.
Mémoires d'un âne ; 1 vol. avec 75 gravures d'après Castelli.
Les vacances ; 1 vol. avec 36 gravures d'après Bertall.
Les petites filles modèles ; 1 vol. avec 21 grandes grav. d'après Bertall.
Les malheurs de Sophie ; 1 vol. avec 48 gravures d'après Castelli.
Les deux nigauds ; 1 vol. avec 76 gravures d'après Castelli.
Les bons enfants ; 1 vol. avec 70 gravures d'après Fereglo.
Le général Dourakine ; 1 vol. avec 100 gravures d'après É. Bayard.
L'auberge de l'Ange-Gardien ; 1 vol. avec 75 grav. d'après Foulquier.
La sœur de Gribouille ; 1 vol. avec 72 gravures d'après Castelli.
La fortune de Gaspard ; 1 vol. avec 32 gravures d'après Gerlier.
Jean qui grogne et Jean qui rit ; 1 vol. avec 70 grav. d'après Castelli.
François le Bossu ; 1 vol. avec 114 gravures d'après É. Bayard.
Diloy le Chemineau ; 1 vol. avec 90 gravures d'après H. Castelli.
Comédies et proverbes ; 1 vol. avec 60 gravures d'après É. Bayard.
Le mauvais génie ; 1 vol. avec 90 gravures d'après É. Bayard.
Après la pluie le beau temps ; 1 vol. avec 126 grav. d'après É. Bayard.

Prix de chaque volume broché, 2 25.
Relié en percaline rouge, tranches dorées, 3 50.

Format in-8°, broché

La Bible d'une grand'mère, avec 30 gravures.............. 10 »
Évangile d'une grand'mère, avec 30 gravures .... 10 »
Les Actes des Apôtres, avec 10 gravures..... .... 10 »

Évangile d'une grand'mère, édition classique, in-16, cart... 1 50
La santé des enfants, in-16, broché...................... » 50

31566. — Imprimerie LAHURE, rue de Fleurus, 9, à Paris. — 7-95

NOUVEAUX
CONTES DE FÉES

POUR LES PETITS ENFANTS

PAR

 LA COMTESSE DE SÉGUR

NÉE ROSTOPCHINE

Illustrés de 46 vignettes
par GUSTAVE DORÉ ET JULES DIDIER

NOUVELLE ÉDITION

PARIS
LIBRAIRIE HACHETTE ET Cie
79, BOULEVARD SAINT-GERMAIN, 79
—
1896

Droits de traduction et de reproduction réservés.

A MES PETITES-FILLES

CAMILLE ET MADELEINE
DE MALARET

Mes très chères enfants,

Voici les contes dont le récit vous a tant amusées, et que je vous avais promis de publier.

En les lisant, chères petites, pensez à votre vieille grand'mère, qui, pour vous plaire, est sortie de son obscurité et a livré à la censure du public le nom de la

Comtesse de Ségur,
née Rostopchine.

HISTOIRE

DE BLONDINE, DE BONNE-BICHE

ET DE BEAU-MINON

I

BLONDINE

Il y avait un roi qui s'appelait Bénin ; tout le monde l'aimait, parce qu'il était bon ; les méchants le craignaient, parce qu'il était juste. Sa femme, la reine Doucette, était aussi bonne que lui. Ils avaient une petite princesse qui s'appelait Blondine à cause de ses magnifiques cheveux blonds, et qui était bonne et charmante comme son papa le roi et comme sa maman la reine. Malheureusement la reine mourut peu de mois après la naissance de Blondine, et le roi pleura beaucoup et longtemps. Blondine était trop petite pour comprendre que sa maman était morte : elle ne pleura donc pas et continua à rire, à jouer, à téter et à dormir paisiblement. Le roi aimait tendrement Blondine, et Blondine aimait le roi plus que personne au monde. Le roi lui donnait les plus beaux joujoux, les meilleurs bonbons, les plus délicieux fruits. Blondine était très heureuse.

Un jour, on dit au roi Bénin que tous ses sujets lui demandaient de se remarier pour avoir un fils qui pût être roi après lui. Le roi refusa d'abord ; enfin il céda aux instances et aux désirs de ses sujets, et il dit à son ministre Léger :

« Mon cher ami, on veut que je me remarie ; je suis encore si triste de la mort de ma pauvre femme Doucette, que je ne veux pas m'occuper moi-même d'en chercher une autre. Chargez-vous de me trouver une princesse qui rende heureuse ma pauvre Blondine : je ne demande pas autre chose. Allez, mon cher Léger ; quand vous aurez trouvé une femme parfaite, vous la demanderez en mariage et vous l'amènerez. »

Léger partit sur-le-champ, alla chez tous les rois, et vit beaucoup de princesses, laides, bossues, méchantes ; enfin il arriva chez le roi Turbulent, qui avait une fille jolie, spirituelle, aimable et qui paraissait bonne. Léger la trouva si charmante qu'il la demanda en mariage pour son roi Bénin, sans s'informer si elle était réellement bonne. Turbulent, enchanté de se débarrasser de sa fille, qui avait un caractère méchant, jaloux et orgueilleux, et qui d'ailleurs le gênait pour ses voyages, ses chasses, ses courses continuelles, la donna tout de suite à Léger, pour qu'il l'emmenât avec lui dans le royaume du roi Bénin.

Léger partit, emmenant la princesse Fourbette et quatre mille mulets chargés des effets et des bijoux de la princesse.

Ils arrivèrent chez le roi Bénin, qui avait été prévenu de leur arrivée par un courrier; le roi vint au-devant de la princesse Fourbette. Il la trouva jolie; mais qu'elle était loin d'avoir l'air doux et bon de la pauvre Doucette! Quand Fourbette vit Blondine, elle la regarda avec des yeux si méchants, que la pauvre Blondine, qui avait déjà trois ans, eut peur et se mit à pleurer.

« Qu'a-t-elle? demanda le roi. Pourquoi ma douce et sage Blondine pleure-t-elle comme un enfant méchant?

— Papa, cher papa, s'écria Blondine en se cachant dans les bras du roi, ne me donnez pas à cette princesse; j'ai peur; elle a l'air si méchant! »

Le roi, surpris, regarda la princesse Fourbette, qui ne put assez promptement changer son visage pour que le roi n'y aperçût pas ce regard terrible qui effrayait tant Blondine. Il résolut immédiatement de veiller à ce que Blondine vécût séparée de la nouvelle reine, et restât comme avant sous la garde exclusive de la nourrice et de la bonne qui l'avaient élevée et qui l'aimaient tendrement. La reine voyait donc rarement Blondine, et quand elle la rencontrait par hasard, elle ne pouvait dissimuler entièrement la haine qu'elle lui portait.

Au bout d'un an, elle eut une fille, qu'on nomma Brunette, à cause de ses cheveux, noirs comme du charbon. Brunette était jolie, mais bien moins jolie que Blondine; elle était, de plus, méchante comme sa maman, et elle détestait Blondine, à laquelle elle faisait toutes sortes de méchancetés : elle la mordait, la pinçait, lui tirait les cheveux, lui cassait ses joujoux, lui tachait ses belles robes. La bonne petite Blondine ne se fâchait jamais; toujours elle cherchait à excuser Brunette.

« Oh! papa, disait-elle au roi, ne la grondez pas; elle est si petite, elle ne sait pas qu'elle me fait de la peine en cassant mes joujoux.... C'est pour jouer qu'elle me mord.... C'est pour s'amuser qu'elle me tire les cheveux », etc.

Le roi Bénin embrassait sa fille Blondine et ne disait rien, mais il voyait bien que Brunette faisait tout cela par méchanceté et que Blondine l'excusait par bonté. Aussi aimait-il Blondine de plus en plus et Brunette de moins en moins.

La reine Fourbette, qui avait de l'esprit, voyait bien tout cela aussi; mais elle haïssait de plus en plus l'innocente Blondine; et, si elle n'avait craint la colère du roi Bénin, elle aurait rendu Blondine la plus malheureuse enfant du monde. Le roi avait défendu que Blondine fût jamais seule avec la reine, et, comme on savait qu'il était aussi juste que bon et qu'il punissait sévèrement la désobéissance, la reine elle-même n'osait pas désobéir.

II

BLONDINE PERDUE

Blondine avait déjà sept ans et Brunette avait

Le prince vint au-devant de la princesse Fourbette. (Page 7.)

trois ans. Le roi avait donné à Blondine une jolie petite voiture attelée de deux autruches et menée par un petit page de dix ans, qui était un neveu de la nourrice de Blondine. Le page, qui s'appelait Gourmandinet, aimait tendrement Blondine, avec laquelle il jouait depuis sa naissance et qui avait pour lui mille bontés. Mais il avait un terrible défaut; il était si gourmand et il aimait tant les friandises, qu'il eût été capable de commettre une mauvaise action pour un sac de bonbons. Blondine lui disait souvent :

« Je t'aime bien, Gourmandinet, mais je n'aime pas à te voir si gourmand. Je t'en prie, corrige-toi de ce vilain défaut, qui fait horreur à tout le monde. »

Gourmandinet lui baisait la main et lui promettait de se corriger ; mais il continuait à voler des gâteaux à la cuisine, des bonbons à l'office, et souvent il était fouetté pour sa désobéissance et sa gourmandise.

La reine Fourbette apprit bientôt les reproches qu'on faisait à Gourmandinet, et elle pensa qu'elle pourrait utiliser le vilain défaut du petit page et le faire servir à la perte de Blondine. Voici le projet qu'elle conçut :

Le jardin où Blondine se promenait dans sa petite voiture traînée par des autruches, avec Gourmandinet pour cocher, était séparé par un grillage d'une magnifique et immense forêt, qu'on appelait la forêt des Lilas, parce que toute l'année elle était pleine de lilas toujours en fleur. Personne n'allait dans cette forêt; on savait qu'elle était enchantée et que, lorsqu'on y entrait une fois, on n'en pouvait plus jamais sortir. Gourmandinet connaissait la terrible propriété de cette forêt; on lui avait sévèrement défendu de jamais diriger la voiture de Blondine de ce côté, de crainte que par inadvertance Blondine ne franchît la grille et n'entrât dans la forêt des Lilas.

Bien des fois le roi avait voulu faire élever un mur le long de la grille, ou du moins serrer le grillage de manière qu'il ne fût plus possible d'y passer; mais à mesure que les ouvriers posaient les pierres ou les grillages, une force inconnue les enlevait et les faisait disparaître.

La reine Fourbette commença par gagner l'amitié de Gourmandinet en lui donnant chaque jour des friandises nouvelles; quand elle l'eut rendu tellement gourmand qu'il ne pouvait plus se passer des bonbons, des gelées, des gâteaux qu'elle lui donnait à profusion, elle le fit venir et lui dit :

« Gourmandinet, il dépend de toi d'avoir un coffre plein de bonbons et de friandises, ou bien de ne plus jamais en manger.

— Ne jamais en manger! Oh! Madame, je mourrais de chagrin. Parlez, Madame; que dois-je faire pour éviter ce malheur?

— Il faut, reprit la reine en le regardant fixement, que tu mènes la princesse Blondine près de la forêt des Lilas.

— Je ne le puis, Madame, le roi me l'a défendu.

Sa voiture était attelée de deux autruches. (Page 11.)

— Ah! tu ne le peux? Alors, adieu; je ne te donnerai plus aucune friandise, et je défendrai que personne dans la maison ne t'en donne jamais.

— Oh! Madame, dit Gourmandinet en pleurant, ne soyez pas si cruelle! donnez-moi un autre ordre que je puisse exécuter.

— Je te répète que je veux que tu mènes Blondine près de la forêt des Lilas, et que tu l'encourages à descendre de voiture, à franchir la grille et à entrer dans la forêt.

— Mais, Madame, reprit Gourmandinet en devenant tout pâle, si la princesse entre dans cette forêt, elle n'en sortira jamais; vous savez que c'est une forêt enchantée; y envoyer ma princesse, c'est l'envoyer à une mort certaine.

— Une troisième et dernière fois, veux-tu y mener Blondine? Choisis : ou bien un coffre immense de bonbons que je renouvellerai tous les mois, ou jamais de sucreries ni de pâtisseries.

— Mais comment ferai-je pour échapper à la punition terrible que m'infligera le roi?

— Ne t'inquiète pas de cela; aussitôt que tu auras fait entrer Blondine dans la forêt des Lilas, viens me trouver : je te ferai partir avec tes bonbons, et je me charge de ton avenir.

— Oh! Madame, par pitié, ne m'obligez pas à faire périr ma chère maîtresse, qui a toujours été si bonne pour moi!

— Tu hésites, petit misérable! Et que t'importe ce que deviendra Blondine? Plus tard, je te ferai entrer au service de Brunette, et je veillerai à ce que tu ne manques jamais de bonbons. »

Gourmandinet réfléchit encore quelques instants, et se résolut, hélas ! à sacrifier sa bonne petite maîtresse pour quelques livres de bonbons. Tout le reste du jour et toute la nuit il hésita encore à commettre ce grand crime; mais la certitude de ne pouvoir plus satisfaire sa gourmandise, s'il se refusait à exécuter l'ordre de la reine, l'espoir de retrouver un jour Blondine en s'adressant à quelque fée puissante, firent cesser ces irrésolutions et le décidèrent à obéir à la reine.

Le lendemain, à quatre heures, Blondine commanda sa petite voiture, monta dedans après avoir embrassé le roi et lui avoir promis de revenir dans deux heures. Le jardin était grand. Gourmandinet fit aller les autruches du côté opposé à la forêt des Lilas.

Quand ils furent si loin qu'on ne pouvait plus les voir du palais, il changea de direction et s'achemina vers la grille de la forêt des Lilas. Il était triste et silencieux; son crime pesait sur son cœur et sur sa conscience.

« Qu'as-tu donc, Gourmandinet? demanda Blondine; tu ne parles pas; serais-tu malade?

— Non, princesse, je me porte bien.

— Comme tu es pâle! dis-moi ce que tu as, mon pauvre Gourmandinet. Je te promets de faire mon possible pour te contenter. »

Cette bonté de Blondine fut sur le point de la sauver en amollissant le cœur de Gourmandinet;

mais le souvenir des bonbons promis par Fourbette détruisit ce bon mouvement.

Avant qu'il eût pu répondre, les autruches touchèrent à la grille de la forêt des Lilas.

« Oh! les beaux lilas! s'écria Blondine; quelle douce odeur! Que je voudrais avoir un gros bouquet de ces lilas pour les offrir à papa! Descends, Gourmandinet, et va m'en chercher quelques branches.

— Je ne puis descendre, princesse; les autruches pourraient s'en aller pendant que je serais absent.

— Eh! qu'importe? dit Blondine : je les ramènerai bien seule au palais.

— Mais le roi me gronderait de vous avoir abandonnée, princesse. Il vaut mieux que vous alliez vous-même cueillir et choisir vos fleurs.

— C'est vrai, dit Blondine; je serais bien fâchée de te faire gronder, mon pauvre Gourmandinet. »

Et, en disant ces mots, elle sauta lestement de la voiture, franchit les barreaux de la grille et se mit à cueillir les lilas.

A ce moment, Gourmandinet frémit, se troubla : le remords entra dans son cœur; il voulut tout réparer en rappelant Blondine : mais, quoique Blondine ne fût qu'à dix pas de lui; quoiqu'il la vît parfaitement, elle n'entendait pas sa voix et s'enfonçait petit à petit dans la forêt enchantée. Longtemps il la vit cueillir des lilas, et enfin elle disparut à ses yeux.

Longtemps encore il pleura son crime, maudit

sa gourmandise, détesta la reine Fourbette. Enfin il pensa que l'heure où Blondine devait être de retour au palais approchait; il rentra aux écuries par les derrières, et courut chez la reine, qui l'attendait. En le voyant pâle et les yeux rouges des larmes terribles du remords, elle devina que Blondine était perdue.

« Est-ce fait? » dit-elle.

Gourmandinet fit signe de la tête que oui; il n'avait pas la force de parler.

« Viens, dit-elle, voilà ta récompense. »

Et elle lui montra un coffre plein de bonbons de toutes sortes. Elle fit enlever ce coffre par un valet, et le fit attacher sur un des mulets qui avaient amené ses bijoux.

« Je confie ce coffre à Gourmandinet, pour qu'il le porte à mon père. Partez, Gourmandinet, et revenez-en chercher un autre dans un mois. »

Elle lui remit en même temps une bourse pleine d'or dans la main. Gourmandinet monta sur le mulet sans mot dire. Il partit au galop; bientôt le mulet, qui était méchant et entêté, impatienté du poids de la caisse, se mit à ruer, à se cambrer, et fit si bien qu'il jeta par terre Gourmandinet et le coffre. Gourmandinet, qui ne savait pas se tenir sur un cheval ni sur un mulet, tomba la tête sur des pierres et mourut sur le coup. Ainsi il ne retira même pas de son crime le profit qu'il en avait espéré, puisqu'il n'avait pas encore goûté les bonbons que lui avait donnés la reine.

Personne ne le regretta, car personne ne l'avait

aimé, excepté la pauvre Blondine, que nous allons rejoindre dans la forêt des Lilas.

III

LA FORÊT DES LILAS

Quand Blondine fut entrée dans la forêt, elle se mit à cueillir de belles branches de lilas, se réjouissant d'en avoir autant et qui sentaient si bon. A mesure qu'elle en cueillait, elle en voyait de plus beaux; alors elle vidait son tablier et son chapeau qui en étaient pleins, et elle les remplissait encore.

Il y avait plus d'une heure que Blondine était ainsi occupée; elle avait chaud; elle commençait à se sentir fatiguée; les lilas étaient lourds à porter, et elle pensa qu'il était temps de retourner au palais. Elle se retourna et se vit entourée de lilas; elle appela Gourmandinet: personne ne lui répondit. « Il paraît que j'ai été plus loin que je ne croyais, dit Blondine : je vais retourner sur mes pas, quoique je sois un peu fatiguée, et Gourmandinet m'entendra et viendra au-devant de moi. »

Elle marcha pendant quelque temps, mais elle n'apercevait pas la fin de la forêt. Bien des fois elle appela Gourmandinet, personne ne lui répondait. Enfin elle commença à s'effrayer.

« Que vais-je devenir dans cette forêt toute seule? Que va penser mon pauvre papa de ne pas me voir revenir? et le pauvre Gourmandinet, comment osera-t-il rentrer au palais sans moi? Il va être grondé, battu peut-être, et tout cela par ma faute, parce que j'ai voulu descendre et cueillir ces lilas! Malheureuse que je suis! je vais mourir de faim et de soif dans cette forêt, si encore les loups ne me mangent pas cette nuit. »

Et Blondine tomba par terre au pied d'un gros arbre et se mit à pleurer amèrement. Elle pleura longtemps; enfin la fatigue l'emporta sur le chagrin; elle posa sa tête sur sa botte de lilas et s'endormit.

IV

PREMIER RÉVEIL DE BLONDINE — BEAU-MINON

Blondine dormit toute la nuit; aucune bête féroce ne vint troubler son sommeil; le froid ne se fit pas sentir; elle se réveilla le lendemain assez tard; elle se frotta les yeux, très surprise de se voir entourée d'arbres, au lieu de se trouver dans sa chambre et dans son lit. Elle appela sa bonne; un miaulement doux lui répondit; étonnée et presque effrayée, elle regarda à terre et vit à ses pieds un magnifique chat blanc qui la regardait avec douceur et qui miaulait.

« Ah! Beau-Minon, que tu es joli! s'écria Blondine en passant la main sur ses beaux poils, blancs comme la neige. Je suis bien contente de te voir, Beau-Minon, car tu me mèneras à ta maison. Mais j'ai bien faim, et je n'aurais pas la force de marcher avant d'avoir mangé. »

A peine eut-elle achevé ces paroles, que Beau-Minon miaula encore et lui montra avec sa petite patte un paquet posé près d'elle et qui était enveloppé dans un linge fin et blanc. Elle ouvrit le paquet et y trouva des tartines de beurre; elle mordit dans une des tartines, la trouva délicieuse, et en donna quelques morceaux à Beau-Minon, qui eut l'air de les croquer avec délices.

Quand elle et Beau-Minon eurent bien mangé, Blondine se pencha vers lui, le caressa et lui dit :

« Merci, mon Beau-Minon, du déjeuner que tu m'as apporté. Maintenant, peux-tu me ramener à mon père, qui doit se désoler de mon absence? »

Beau-Minon secoua la tête en faisant un miaulement plaintif.

« Ah! tu me comprends, Beau-Minon, dit Blondine. Alors, aie pitié de moi et mène-moi dans une maison quelconque, pour que je ne périsse pas de faim, de froid et de terreur dans cette affreuse forêt. »

Beau-Minon la regarda, fit avec sa tête blanche un petit signe qui voulait dire qu'il comprenait, se leva, fit plusieurs pas et se retourna pour voir si Blondine le suivait.

« Me voici, Beau-Minon, dit Blondine, je te suis. Mais comment pourrons-nous passer dans ces buissons si touffus? je ne vois pas de chemin. »

Beau-Minon, pour toute réponse, s'élança dans les buissons, qui s'ouvrirent d'eux-mêmes pour laisser passer Beau-Minon et Blondine, et qui se refermaient quand ils étaient passés. Blondine marcha ainsi pendant une heure; à mesure qu'elle avançait, la forêt devenait plus claire, l'herbe était plus fine, les fleurs croissaient en abondance; on voyait de jolis oiseaux qui chantaient, des écureuils qui grimpaient le long des branches. Blondine, qui ne doutait pas qu'elle allait sortir de la forêt et qu'elle reverrait son père, était enchantée de tout ce qu'elle voyait; elle se serait volontiers arrêtée pour cueillir des fleurs : mais Beau-Minon trottait toujours en avant, et miaulait tristement quand Blondine faisait mine de s'arrêter.

Au bout d'une heure, Blondine aperçut un magnifique château. Beau-Minon la conduisit jusqu'à la grille dorée. Blondine ne savait pas comment faire pour y entrer; il n'y avait pas de sonnette, et la grille était fermée. Beau-Minon avait disparu; Blondine était seule

V

BONNE-BICHE

Beau-Minon était entré par un petit passage qui

« Me voici, Beau-Minon, je te suis. »

semblait fait exprès pour lui, et il avait probablement averti quelqu'un du château, car la grille s'ouvrit sans que Blondine eût appelé. Elle entra dans la cour et ne vit personne; la porte du château s'ouvrit d'elle-même. Blondine pénétra dans un vestibule tout en marbre blanc et rare; toutes les portes s'ouvrirent seules comme la première, et Blondine parcourut une suite de beaux salons. Enfin elle aperçut, au fond d'un joli salon bleu et or, une biche blanche couchée sur un lit d'herbes fines et odorantes. Beau-Minon était près d'elle. La biche vit Blondine, se leva, alla à elle et lui dit :

« Soyez la bienvenue, Blondine; il y a longtemps que moi et mon fils Beau-Minon nous vous attendons. »

Et comme Blondine paraissait effrayée :

« Rassurez-vous, Blondine, vous êtes avec des amis; je connais le roi votre père, et je l'aime ainsi que vous.

— Oh! Madame, dit Blondine, si vous connaissez le roi mon père, ramenez-moi chez lui; il doit être bien triste de mon absence.

— Ma chère Blondine, reprit Bonne-Biche en soupirant, il n'est pas en mon pouvoir de vous rendre à votre père; vous êtes sous la puissance de l'enchanteur de la forêt des Lilas. Moi-même je suis soumise à son pouvoir, supérieur au mien; mais je puis envoyer à votre père des songes qui le rassureront sur votre sort et qui lui apprendront que vous êtes chez moi.

— Comment! Madame, s'écria Blondine avec effroi, ne reverrai-je jamais mon père, mon pauvre père que j'aime tant?

— Chère Blondine, ne nous occupons pas de l'avenir; la sagesse est toujours récompensée. Vous reverrez votre père, mais pas encore. En attendant, soyez docile et bonne. Beau-Minon et moi nous ferons tout notre possible pour que vous soyez heureuse. »

Blondine soupira et répandit quelques larmes. Puis elle pensa que c'était mal reconnaître la bonté de Bonne-Biche que de s'affliger d'être avec elle; elle se contint donc et s'efforça de causer gaiement.

Bonne-Biche et Beau-Minon la menèrent voir l'appartement qui lui était destiné. La chambre de Blondine était toute tapissée de soie rose brodée en or : les meubles étaient en velours blanc, brodés admirablement avec les soies les plus brillantes. Tous les animaux, les oiseaux, les papillons, les insectes y étaient représentés. Près de la chambre de Blondine était son cabinet de travail. Il était tendu en damas bleu de ciel brodé en perles fines. Les meubles étaient en moire d'argent rattachée avec de gros clous en turquoise. Sur le mur étaient accrochés deux magnifiques portraits représentant une jeune et superbe femme et un charmant jeune homme; leurs costumes indiquaient qu'ils étaient de race royale.

« De qui sont ces portraits, Madame? demanda Blondine à Bonne-Biche.

Blondine aperçut un magnifique château. (Page 22.)

— Il m'est défendu de répondre à cette question, chère Blondine. Plus tard vous le saurez. Mais voici l'heure du dîner; venez, Blondine, vous devez avoir appétit. »

Blondine, en effet, mourait de faim; elle suivit Bonne-Biche et entra dans une salle à manger où était une table servie bizarrement. Il y avait un énorme coussin en satin blanc, placé par terre pour Bonne-Biche; devant elle, sur la table, était une botte d'herbes choisies, fraîches et succulentes. Près des herbes était une auge en or, pleine d'une eau fraîche et limpide. En face de Bonne-Biche était un petit tabouret élevé, pour Beau-Minon; devant lui était une écuelle en or, pleine de petits poissons frits et de cuisses de bécassines; à côté, une jatte en cristal de roche, pleine de lait tout frais.

Entre Bonne-Biche et Beau-Minon était le couvert de Blondine; elle avait un petit fauteuil en ivoire sculpté, garni de velours nacarat rattaché avec des clous en diamant. Devant elle était une assiette en or ciselé, pleine d'un potage délicieux de gelinottes et de becfigues. Son verre et son carafon étaient taillés dans du cristal de roche; un petit pain mollet était placé à côté d'une cuiller qui était en or ainsi que la fourchette. La serviette était en batiste si fine, qu'on n'en avait jamais vu de pareille. Le service de la table se faisait par des gazelles qui étaient d'une adresse merveilleuse; elles servaient, découpaient et devinaient tous les désirs de Blondine, de Bonne-Biche et de Beau-Minon.

Le dîner fut exquis : les volailles les plus fines, le gibier le plus rare, les poissons les plus délicats, les pâtisseries, les sucreries les plus parfumées. Blondine avait faim ; elle mangea de tout et trouva tout excellent.

Après le dîner, Bonne-Biche et Beau-Minon menèrent Blondine dans le jardin ; elle y trouva les fruits les plus succulents et des promenades charmantes. Après avoir bien couru, s'être bien promenée, Blondine rentra avec ses nouveaux amis : elle était fatiguée. Bonne-Biche lui proposa d'aller se coucher, ce que Blondine accepta avec joie.

Elle entra dans sa chambre à coucher, où elle trouva deux gazelles qui devaient la servir : elles la déshabillèrent avec une habileté merveilleuse, la couchèrent et s'établirent près du lit pour la veiller.

Blondine ne tarda pas à s'endormir, non sans avoir pensé à son père et sans avoir amèrement pleuré sur sa séparation d'avec lui.

VI

SECOND RÉVEIL DE BLONDINE

Blondine dormit profondément, et, quand elle se réveilla, il lui sembla qu'elle n'était plus la même que lorsqu'elle s'était couchée ; elle se voyait plus grande ; ses idées lui semblèrent aussi avoir pris du

Elle aperçut une biche blanche. (Page 25.)

développement; elle se sentait instruite; elle se souvenait d'une foule de livres qu'elle croyait avoir lus pendant son sommeil; elle se souvenait d'avoir écrit, dessiné, chanté, joué du piano et de la harpe.

Pourtant sa chambre était bien celle que lui avait montrée Bonne-Biche et dans laquelle elle s'était couchée la veille.

Agitée, inquiète, elle se leva, courut à une glace, vit qu'elle était grande, et, nous devons l'avouer, se trouva charmante, plus jolie cent fois que lorsqu'elle s'était couchée. Ses beaux cheveux blonds tombaient jusqu'à ses pieds; son teint blanc et rose, ses jolis yeux bleus, son petit nez arrondi, sa petite bouche vermeille, ses joues rosées, sa taille fine et gracieuse, faisaient d'elle la plus jolie personne qu'elle eût jamais vue.

Émue, presque effrayée, elle s'habilla à la hâte et courut chez Bonne-Biche, qu'elle trouva dans l'appartement où elle l'avait vue la première fois.

« Bonne-Biche! Bonne-Biche! s'écria-t-elle, expliquez-moi de grâce la métamorphose que je vois et que je sens en moi. Je me suis couchée hier au soir enfant, je me réveille ce matin grande personne; est-ce une illusion? ou bien ai-je véritablement grandi ainsi dans une nuit?

— Il est vrai, ma chère Blondine, que vous avez aujourd'hui quatorze ans; mais votre sommeil dure depuis sept ans. Mon fils Beau-Minon et moi, nous avons voulu vous épargner les ennuis des premières études; quand vous êtes venue chez moi, vous ne saviez rien, pas même lire. Je vous ai endormie pour sept ans, et nous avons passé ces sept années, vous à apprendre en dormant, Beau-Minon et moi à vous instruire. Je vois dans vos yeux que vous doutez de votre savoir; venez avec moi dans votre salle d'étude, et assurez-vous par vous-même de tout ce que vous savez. »

Blondine suivit Bonne-Biche dans la salle d'étude; elle courut au piano, se mit à en jouer, et vit qu'elle jouait très bien; elle alla essayer sa harpe et en tira des sons ravissants; elle chanta merveilleusement; elle prit des crayons, des pinceaux, et dessina et peignit avec une facilité qui dénotait un vrai talent : elle essaya d'écrire et se trouva aussi habile que pour le reste; elle parcourut des yeux ses livres et se souvint de les avoir presque tous lus : surprise, ravie, elle se jeta au cou de Bonne-Biche, embrassa tendrement Beau-Minon, et leur dit :

« Oh! mes bons, mes chers, mes vrais amis, que de reconnaissance ne vous dois-je pas pour avoir ainsi soigné mon enfance, développé mon esprit et mon cœur! car, je le sens, tout est amélioré en moi, et c'est à vous que je le dois. »

Bonne-Biche lui rendit ses caresses. Beau-Minon lui léchait délicatement les mains. Quand les premiers moments de bonheur furent passés, Blondine baissa les yeux et dit timidement :

« Ne me croyez pas ingrate, mes bons et excellents amis, si je demande d'ajouter un nouveau bienfait à ceux que j'ai reçus de vous. Dites-moi, que fait mon père? Pleure-t-il encore mon absence? Est-il heureux depuis qu'il m'a perdue?

— Votre désir est trop légitime pour ne pas être satisfait. Regardez dans cette glace, Blondine, et vous y verrez tout ce qui s'est passé depuis votre départ, et comment est votre père actuellement. »

Blondine leva les yeux et vit dans la glace l'appartement de son père; le roi s'y promenait d'un air agité. Il paraissait attendre quelqu'un. La reine Fourbette entra et lui raconta que Blondine, malgré les instances de Gourmandinet, avait voulu diriger elle-même les autruches, qui s'étaient emportées, avaient couru vers la forêt des Lilas et versé la voiture; que Blondine avait été lancée dans la forêt des Lilas à travers la grille; que Gourmandinet avait perdu la tête d'effroi et de chagrin; qu'elle l'avait renvoyé chez ses parents. Le roi parut au désespoir de cette nouvelle; il courut dans la forêt des Lilas, et il fallut qu'on employât la force pour l'empêcher de s'y précipiter à la recherche de sa chère Blondine. On le ramena chez lui, où il se livra au plus affreux désespoir, appelant sans cesse sa Blondine, sa chère enfant. Enfin il s'endormit et vit en songe Blondine dans le palais de Bonne-Biche et de Beau-Minon. Bonne-Biche lui donna l'assurance que Blondine lui serait rendue un jour et que son enfance serait calme et heureuse.

La glace se ternit ensuite; tout disparut. Puis elle redevint claire, et Blondine vit de nouveau son père, il était vieilli, ses cheveux avaient blanchi, il était triste ; il tenait à la main un petit portrait de Blondine, et le baisait souvent en répandant quelques larmes. Il était seul ; Blondine ne vit ni la reine ni Brunette.

La pauvre Blondine pleura amèrement.

« Pourquoi, dit-elle, mon père n'a-t-il personne près de lui ? Où sont donc ma sœur Brunette et la reine ?

— La reine témoigna si peu de chagrin de votre mort (car on vous croit morte, chère Blondine), que le roi la prit en horreur et la renvoya au roi Turbulent son père, qui la fit enfermer dans une tour, où elle ne tarda pas à mourir de rage et d'ennui. Quant à votre sœur Brunette, elle devint si méchante, si insupportable, que le roi se dépêcha de la donner en mariage l'année dernière au prince Violent, qui se chargea de réformer le caractère méchant et envieux de la princesse Brunette. Il la maltraite rudement ; elle commence à voir que sa méchanceté ne lui donne pas le bonheur, et elle devient un peu meilleure. Vous la reverrez un jour, et vous achèverez de la corriger par votre exemple. »

Blondine remercia tendrement Bonne-Biche de ces détails ; elle eût bien voulu lui demander : « Quand reverrai-je mon père et ma sœur ? » Mais elle eut peur d'avoir l'air pressée de la quitter et de paraître ingrate ; elle attendit donc une autre occasion pour faire cette demande.

Les journées de Blondine se passaient sans

ennui parce qu'elle s'occupait beaucoup, mais elle s'attristait quelquefois ; elle ne pouvait causer qu'avec Bonne-Biche, et Bonne-Biche n'était avec elle qu'aux heures des leçons et des repas. Beau-Minon ne pouvait répondre et se faire comprendre que par des signes. Les gazelles servaient Blondine avec zèle et intelligence, mais aucune d'elles ne pouvait parler.

Blondine se promenait accompagnée toujours de Beau-Minon, qui lui indiquait les plus jolies promenades, les plus belles fleurs. Bonne-Biche avait fait promettre à Blondine que jamais elle ne franchirait l'enceinte du parc et qu'elle n'irait jamais dans la forêt. Plusieurs fois Blondine avait demandé à Bonne-Biche la cause de cette défense. Bonne-Biche avait toujours répondu en soupirant :

« Ah ! Blondine, ne demandez pas à pénétrer dans la forêt ; c'est une forêt de malheur. Puissiez-vous ne jamais y entrer ! »

Quelquefois Blondine montait dans un pavillon qui était sur une éminence au bord de la forêt ; elle voyait des arbres magnifiques, des fleurs charmantes, des milliers d'oiseaux qui chantaient et voltigeaient comme pour l'appeler. « Pourquoi, se disait-elle, Bonne-Biche ne veut-elle pas me laisser promener dans cette belle forêt ? Quel danger puis-je y courir sous sa protection ? »

Toutes les fois qu'elle réfléchissait ainsi, Beau-Minon, qui paraissait comprendre ce qui se passait en elle, miaulait, la tirait par sa robe et la forçait à quitter le pavillon.

Blondine souriait, suivait Beau-Minon et reprenait sa promenade dans le parc solitaire.

VII

LE PERROQUET

Il y avait près de six mois que Blondine s'était réveillée de son sommeil de sept années; le temps lui semblait long; le souvenir de son père lui revenait souvent et l'attristait. Bonne-Biche et Beau-Minon semblaient deviner ses pensées. Beau-Minon miaulait plaintivement, Bonne-Biche soupirait profondément. Blondine parlait rarement de ce qui occupait si souvent son esprit, parce qu'elle craignait d'offenser Bonne-Biche, qui lui avait répondu trois ou quatre fois : « Vous reverrez votre père, Blondine, quand vous aurez quinze ans, si vous continuez à être sage; mais, croyez-moi, ne vous occupez pas de l'avenir, et surtout ne cherchez pas à nous quitter. »

Un matin, Blondine était triste et seule; elle réfléchissait à sa singulière et monotone existence. Elle fut distraite de sa rêverie par trois petits coups frappés doucement à sa fenêtre. Levant la tête, elle aperçut un Perroquet du plus beau vert, avec la gorge et la poitrine orange. Surprise de l'apparition d'un être inconnu et nouveau, elle alla ouvrir sa fenêtre et fit entrer le Perroquet. Quel ne fut pas son étonnement quand l'oiseau lui dit d'une petite voix aigrelette :

« Bonjour, Blondine : je sais que vous vous ennuyez quelquefois, faute de trouver à qui parler, et je viens causer avec vous. Mais, de grâce, ne dites pas que vous m'avez vu, car Bonne-Biche me tordrait le cou.

— Et pourquoi cela, beau Perroquet? Bonne-Biche ne fait de mal à personne : elle ne hait que les méchants.

— Blondine, si vous ne me promettez pas de cacher ma visite à Bonne-Biche et à Beau-Minon, je m'envole pour ne jamais revenir.

— Puisque vous le voulez, beau Perroquet, je vous le promets. Causons un peu : il y a si longtemps que je n'ai causé ! Vous me semblez gai et spirituel ; vous m'amuserez, je n'en doute pas. »

Blondine écouta les contes du Perroquet, qui lui fit force compliments sur sa beauté, sur ses talents, sur son esprit. Blondine était enchantée; au bout d'une heure, le Perroquet s'envola, promettant de revenir le lendemain. Il revint ainsi pendant plusieurs jours et continua à la complimenter et à l'amuser. Un matin il frappa à la fenêtre en disant :

« Blondine, Blondine, ouvrez-moi, je viens vous donner des nouvelles de votre père; mais surtout pas de bruit, si vous ne voulez pas me voir tordre le cou. »

Blondine ouvrit sa croisée et dit au Perroquet :

« Est-il bien vrai, mon beau Perroquet, que tu

veux me donner des nouvelles de mon père? Parle vite : que fait-il? comment va-t-il?

— Votre père va bien, Blondine; il pleure toujours votre absence; je lui ai promis d'employer tout mon petit pouvoir à vous délivrer de votre prison; mais je ne puis le faire que si vous m'y aidez.

— Ma prison! dit Blondine. Mais vous ignorez donc toutes les bontés de Bonne-Biche et de Beau-Minon pour moi, les soins qu'ils ont donnés à mon éducation, leur tendresse pour moi! Ils seront enchantés de connaître un moyen de me réunir à mon père. Venez avec moi, beau Perroquet, je vous en prie, je vous présenterai à Bonne-Biche.

— Ah! Blondine, reprit de sa petite voix aigre le Perroquet, vous ne connaissez pas Bonne-Biche ni Beau-Minon. Ils me détestent parce que j'ai réussi quelquefois à leur arracher leurs victimes. Jamais vous ne verrez votre père, Blondine, jamais vous ne sortirez de cette forêt, si vous n'enlevez pas vous-même le talisman qui vous y retient.

— Quel talisman? dit Blondine : je n'en connais aucun; et quel intérêt Bonne-Biche et Beau-Minon auraient-ils à me retenir prisonnière?

— L'intérêt de désennuyer leur solitude, Blondine. Et quant au talisman, c'est une simple Rose; cueillie par vous, elle vous délivrera de votre exil et vous ramènera dans les bras de votre père.

— Mais il n'y a pas une seule Rose dans le jardin, comment donc pourrais-je en cueillir?

— Je vous dirai cela un autre jour, Blondine;

aujourd'hui je ne puis vous en dire davantage, car Bonne-Biche va venir; mais pour vous assurer des vertus de la Rose, demandez-en une à Bonne-Biche; vous verrez ce qu'elle vous dira. A demain, Blondine, à demain. »

Et le Perroquet s'envola, bien content d'avoir jeté dans le cœur de Blondine les premiers germes d'ingratitude et de désobéissance.

A peine le Perroquet fut-il parti, que Bonne-Biche entra; elle paraissait agitée.

« Avec qui causiez-vous donc, Blondine? dit Bonne-Biche en jetant sur la croisée ouverte un regard méfiant.

— Avec personne, Madame, répondit Blondine.

— Je suis certaine d'avoir entendu parler.

— Je me serai sans doute parlé à moi-même. »

Bonne-Biche ne répliqua pas; elle était triste, quelques larmes même roulaient dans ses yeux. Blondine était aussi préoccupée; les paroles du Perroquet lui faisaient envisager sous un jour nouveau les obligations qu'elle avait à Bonne-Biche et à Beau-Minon. Au lieu de se dire qu'une biche qui parle, qui a la puissance de rendre intelligentes les bêtes, de faire dormir un enfant pendant sept ans, qu'une biche qui a consacré ces sept années à l'éducation ennuyeuse d'une petite fille ignorante, qu'une biche qui est logée et servie comme une reine n'est pas une biche ordinaire; au lieu d'éprouver de la reconnaissance de tout ce que Bonne-Biche avait fait pour elle, Blondine crut aveuglément ce Perroquet, cet inconnu dont rien ne garantissait la véracité, et qui n'avait aucun motif de lui porter intérêt au point de risquer sa vie pour lui rendre service; elle le crut, parce qu'il l'avait flattée. Elle ne regarda plus du même œil reconnaissant l'existence douce et heureuse que lui avaient faite Bonne-Biche et Beau-Minon : elle résolut de suivre les conseils du Perroquet.

« Pourquoi, Bonne-Biche, lui demanda-t-elle dans la journée, pourquoi ne vois-je pas parmi toutes vos fleurs la plus belle, la plus charmante de toutes, la Rose ? »

Bonne-Biche frémit, se troubla et dit :

« Blondine, Blondine, ne me demandez pas cette fleur perfide qui pique ceux qui la touchent. Ne me parlez jamais de la Rose, Blondine ; vous ne savez pas ce qui vous menace dans cette fleur. »

L'air de Bonne-Biche était si sévère, que Blondine n'osa pas insister.

La journée s'acheva assez tristement. Blondine était gênée ; Bonne-Biche était mécontente ; Beau-Minon était triste.

Le lendemain, Blondine courut à sa fenêtre ; à peine l'eut-elle ouverte que le Perroquet entra.

« Eh bien, Blondine, vous avez vu le trouble de Bonne-Biche quand vous avez parlé de la Rose ? Je vous ai promis de vous indiquer le moyen d'avoir une de ces fleurs charmantes ; le voici : vous sortirez du parc, vous irez dans la forêt, je vous accompagnerai, et je vous mènerai dans un jardin où se trouve la plus belle Rose du monde.

— Mais comment pourrai-je sortir du parc ?

Beau-Minon m'accompagne toujours dans mes promenades.

— Tâchez de le renvoyer, dit le Perroquet; et s'il insiste, eh bien, sortez malgré lui.

— Si cette Rose est bien loin, on s'apercevra de mon absence.

— Une heure de marche au plus. Bonne-Biche a eu soin de vous placer loin de la Rose, afin que vous ne puissiez pas vous affranchir de son joug.

— Mais pourquoi me retient-elle captive? Puissante comme elle est, ne pouvait-elle se donner d'autres plaisirs que l'éducation d'un enfant?

— Ceci vous sera expliqué plus tard, Blondine, quand vous serez retournée près de votre père. Soyez ferme; débarrassez-vous de Beau-Minon après déjeuner, sortez dans la forêt; je vais vous y attendre. »

Blondine promit et ferma la fenêtre, de crainte que Bonne-Biche ne la surprît.

Après le déjeuner, Blondine descendit dans le jardin selon sa coutume. Beau-Minon la suivit, malgré quelques rebuffades qu'il reçut avec des miaulements plaintifs. Parvenue à l'allée qui menait à la sortie du parc, Blondine voulut encore renvoyer Beau-Minon.

« Je veux être seule, dit-elle; va-t'en, Beau-Minon. »

Beau-Minon fit semblant de ne pas comprendre. Blondine, impatientée, s'oublia au point de frapper Beau-Minon du pied.

Quand le pauvre Beau-Minon eut reçu le coup

de pied de Blondine, il poussa un cri lugubre et s'enfuit du côté du palais.

Blondine frémit en entendant ce cri; elle s'arrêta, fut sur le point de rappeler Beau-Minon, de renoncer à la Rose, de tout raconter à Bonne-Biche; mais une fausse honte l'arrêta, elle marcha vers la porte, l'ouvrit non sans trembler, et se trouva dans la forêt.

Le Perroquet ne tarda pas à la rejoindre.

« Courage, Blondine! encore une heure et vous aurez la Rose, et vous reverrez votre père. »

Ces mots rendirent à Blondine la résolution qu'elle commençait à perdre; elle marcha dans le sentier que lui indiquait le Perroquet en volant de branche en branche devant elle. La forêt, qu'elle avait crue si belle, près du parc de Bonne-Biche, devint de plus en plus difficile : les ronces et les pierres encombraient le sentier; on n'entendait plus d'oiseaux; les fleurs avaient disparu; Blondine se sentit gagner par un malaise inexplicable; le Perroquet la pressait vivement d'avancer.

« Vite, vite, Blondine, le temps se passe; si Bonne-Biche s'aperçoit de votre absence et vous poursuit, elle me tordra le cou et vous ne verrez jamais votre père. »

Blondine, fatiguée, haletante, les bras déchirés, les souliers en lambeaux, allait déclarer qu'elle renonçait à aller plus loin, lorsque le Perroquet s'écria :

« Nous voici arrivés, Blondine; voici l'enclos où est la Rose. »

Le Perroquet la pressait vivement d'avancer.

Et Blondine vit au détour du sentier un petit enclos, dont la porte lui fut ouverte par le Perroquet. Le terrain y était aride et pierreux : mais au milieu s'élevait majestueusement un magnifique rosier, avec une Rose plus belle que toutes les roses du monde.

« Prenez-la, Blondine, vous l'avez bien gagnée », dit le Perroquet.

Blondine saisit la branche, et, malgré les épines qui s'enfonçaient dans ses doigts, elle arracha la Rose.

A peine l'eut-elle dans sa main, qu'elle entendit un éclat de rire ; la Rose s'échappa de ses mains en lui criant :

« Merci, Blondine, de m'avoir délivrée de la prison où me retenait la puissance de Bonne-Biche. Je suis ton mauvais génie ; tu m'appartiens maintenant.

— Ha, ha, ha, reprit à son tour le Perroquet, merci, Blondine, je puis maintenant reprendre ma forme d'enchanteur ; j'ai eu moins de peine à te décider que je ne le croyais. En flattant ta vanité, je t'ai facilement rendue ingrate et méchante. Tu as causé la perte de tes amis dont je suis le mortel ennemi. Adieu, Blondine. »

En disant ces mots, le Perroquet et la Rose disparurent, laissant Blondine seule au milieu d'une épaisse forêt.

VIII

LE REPENTIR

Blondine était stupéfaite ; sa conduite lui apparut dans toute son horreur : elle avait été ingrate envers des amis qui s'étaient dévoués à elle, qui avaient passé sept ans à soigner son éducation. Ces amis voudraient-ils la recevoir, lui pardonner ? Que deviendrait-elle si leur porte lui était fermée ? Et puis, que signifiaient les paroles du méchant Perroquet : « Tu as causé la perte de tes amis » ?

Elle voulut se remettre en route pour retourner chez Bonne-Biche : les ronces et les épines lui déchiraient les bras, les jambes et le visage ; elle continua pourtant à se faire jour à travers les broussailles, et, après trois heures de marche pénible, elle arriva devant le palais de Bonne-Biche et de Beau-Minon.

Que devint-elle quand, à la place du magnifique palais, elle ne vit que des ruines ; quand, au lieu des fleurs et des beaux arbres qui l'entouraient, elle n'aperçut que des ronces, des chardons et des orties ? Terrifiée, désolée, elle voulut pénétrer dans les ruines pour savoir ce qu'étaient devenus ses amis. Un gros Crapaud sortit d'un tas de pierres, se mit devant elle et lui dit :

« Que cherches-tu ? N'as-tu pas causé, par ton

Un gros Crapaud sortit d'un tas de pierres.

ingratitude, la mort de tes amis? Va-t'en ; n'insulte pas à leur mémoire par ta présence.

— Ah! s'écria Blondine, mes pauvres amis, Bonne-Biche, Beau-Minon, que ne puis-je expier par ma mort les malheurs que j'ai causés! »

Et elle se laissa tomber, en sanglotant, sur les pierres et les chardons; l'excès de sa douleur l'empêcha de sentir les pointes aiguës des pierres et les piqûres des chardons. Elle pleura longtemps, longtemps; enfin elle se leva et regarda autour d'elle pour tâcher de découvrir un abri où elle pourrait se réfugier; elle ne vit rien que des pierres et des ronces.

« Eh bien, dit-elle, qu'importe qu'une bête féroce me déchire ou que je meure de faim et de douleur, pourvu que j'expire ici sur le tombeau de Bonne-Biche et de Beau-Minon? »

Comme elle finissait ces mots, elle entendit une voix qui disait : « Le repentir peut racheter bien des fautes ».

Elle leva la tête, et ne vit qu'un gros Corbeau noir qui voltigeait au-dessus d'elle.

« Hélas! dit-elle, mon repentir, quelque amer qu'il soit, rendra-t-il la vie à Bonne-Biche et à Beau-Minon?

— Courage, Blondine! reprit la voix; rachète ta faute par ton repentir; ne te laisse pas abattre par la douleur. »

La pauvre Blondine se leva et s'éloigna de ce lieu de désolation : elle suivit un petit sentier qui la mena dans une partie de la forêt où les grands arbres avaient étouffé les ronces; la terre était couverte de mousse. Blondine, qui était épuisée de fatigue et de chagrin, tomba au pied d'un de ces beaux arbres et recommença à sangloter.

« Courage, Blondine, espère ! » lui cria encore une voix.

Elle ne vit qu'une Grenouille qui était près d'elle et qui la regardait avec compassion.

« Pauvre Grenouille, dit Blondine, tu as l'air d'avoir pitié de ma douleur. Que deviendrai-je, mon Dieu ! à présent que me voilà seule au monde ?

— Courage et espérance ! » reprit la voix.

Blondine soupira; elle regarda autour d'elle, tâcha de découvrir quelque fruit pour étancher sa soif et apaiser sa faim.

Elle ne vit rien et recommença de verser des larmes.

Un bruit de grelots la tira de ses douloureuses pensées; elle aperçut une belle vache qui approchait doucement, et puis, étant arrivée près d'elle, s'arrêta, s'inclina et lui fit voir une écuelle pendue à son cou. Blondine, reconnaissante de ce secours inattendu, détacha l'écuelle, se mit à traire la vache, et but avec délices deux écuelles de son lait. La vache lui fit signe de remettre l'écuelle à son cou, ce que fit Blondine; elle baisa la vache sur le cou et lui dit tristement :

« Merci, Blanchette; c'est sans doute à mes pauvres amis que je dois ce secours charitable; peut-être voient-ils d'un autre monde le repentir de leur pauvre Blondine, et veulent-ils adoucir son affreuse position.

— Le repentir fait bien pardonner des fautes, reprit la voix.

— Ah! dit Blondine, quand je devrais passer des années à pleurer ma faute, je ne me la pardonnerais pas encore : je ne me la pardonnerai jamais. »

Cependant la nuit approchait. Malgré son chagrin, Blondine songea à ce qu'elle ferait pour éviter les bêtes féroces dont elle croyait déjà entendre les rugissements. Elle vit à quelques pas d'elle une espèce de cabane formée par plusieurs arbustes dont les branches étaient entrelacées; elle y entra en se baissant un peu, et elle vit qu'en relevant et rattachant quelques branches elle s'y ferait une petite maisonnette très gentille; elle employa ce qui restait de jour à arranger son petit réduit : elle y porta une quantité de mousse dont elle se fit un matelas et un oreiller; elle cassa quelques branches qu'elle piqua en terre pour cacher l'entrée de sa cabane, et elle se coucha brisée de fatigue.

Elle s'éveilla au grand jour. Dans le premier moment elle eut peine à rassembler ses idées, à se rendre compte de sa position; mais la triste vérité lui apparut promptement, et elle recommença les pleurs et les gémissements de la veille.

La faim se fit pourtant sentir. Blondine commença à s'inquiéter de sa nourriture, quand elle entendit les grelots de la vache. Quelques instants après, Blanchette était près d'elle. Comme la veille, Blondine détacha l'écuelle, tira du lait et en but tant qu'elle en voulut. Elle remit l'écuelle, baisa Blanchette et la vit partir avec l'espérance de la voir revenir dans la journée.

En effet, chaque jour, le matin, à midi et au soir, Blanchette venait présenter à Blondine son frugal repas.

Blondine passait son temps à pleurer ses pauvres amis, à se reprocher amèrement ses fautes.

« Par ma désobéissance, se disait-elle, j'ai causé de cruels malheurs qu'il n'est pas en mon pouvoir de réparer; non seulement j'ai perdu mes bons et chers amis, mais je me suis privée du seul moyen de retrouver mon père, mon pauvre père qui attend peut-être sa Blondine, sa malheureuse Blondine, condamnée à vivre et à mourir seule dans cette affreuse forêt où règne mon mauvais génie! »

Blondine cherchait à se distraire et à s'occuper par tous les moyens possibles; elle avait arrangé sa cabane, s'était fait un lit de mousse et de feuilles; elle avait relié ensemble des branches dont elle avait formé un siège; elle avait utilisé quelques épines longues et fines pour en faire des épingles et des aiguilles; elle s'était fabriqué une espèce de fil avec des brins de chanvre qu'elle avait cueillis près de sa cabane, et elle avait ainsi réussi à raccommoder les lambeaux de sa chaussure, que les ronces avaient mise en pièces. Elle vécut de la sorte pendant six semaines. Son chagrin était toujours le même, et il faut dire à sa louange que ce n'était pas sa vie triste et solitaire qui entretenait cette douleur, mais le regret sincère de sa faute : elle eût volontiers consenti à passer toute sa vie dans cette forêt, si par là elle avait pu racheter la vie de Bonne-Biche et de Beau-Minon.

IX

LA TORTUE

Un jour qu'elle était assise à l'entrée de sa cabane, rêvant tristement comme de coutume à ses amis, à son père, elle vit devant elle une énorme Tortue.

« Blondine, lui dit la Tortue d'une vieille voix éraillée, Blondine, si tu veux te mettre sous ma garde, je te ferai sortir de cette forêt.

— Et pourquoi, Madame la Tortue, chercherais-je à sortir de la forêt? C'est ici que j'ai causé la mort de mes amis, et c'est ici que je veux mourir.

— Es-tu bien certaine de leur mort, Blondine?

— Comment! il se pourrait!... Mais non, j'ai vu leur château en ruine; le Perroquet et le Crapaud m'ont dit qu'ils n'existaient plus; vous voulez me consoler par bonté sans doute; mais, hélas! je ne puis espérer les revoir. S'ils vivaient, m'auraient-ils laissée seule, avec le désespoir affreux d'avoir causé leur mort?

— Qui te dit, Blondine, que cet abandon n'est pas forcé, qu'eux-mêmes ne sont pas assujettis à un pouvoir plus grand que le leur? Tu sais, Blondine, que le repentir rachète bien des fautes.

— Ah! Madame la Tortue, si vraiment ils existent encore, si vous pouvez me donner de leurs nouvelles, dites-moi que je n'ai pas leur mort à me reprocher, dites-moi que je les reverrai un jour! Il n'est pas d'expiation que je n'accepte pour mériter ce bonheur.

— Blondine, il ne m'est pas permis de te dire le sort de tes amis; mais si tu as le courage de monter sur mon dos, de ne pas en descendre pendant six mois et de ne pas m'adresser une question jusqu'au terme de notre voyage, je te mènerai dans un endroit où tout te sera révélé.

— Je promets tout ce que vous voulez, Madame la Tortue, pourvu que je sache ce que sont devenus mes chers amis.

— Prends garde, Blondine : six mois sans descendre de dessus mon dos, sans m'adresser une parole! Une fois que nous serons partis, si tu n'as pas le courage d'aller jusqu'au bout, tu resteras éternellement au pouvoir de l'enchanteur Perroquet et de sa sœur la Rose, et je ne pourrai même plus te continuer les petits secours auxquels tu dois la vie pendant six semaines.

— Partons, Madame la Tortue, partons sur-le-champ, j'aime mieux mourir de fatigue et d'ennui que de chagrin et d'inquiétude; depuis que vos paroles ont fait naître l'espoir dans mon cœur, je me sens du courage pour entreprendre un voyage bien plus difficile que celui dont vous me parlez,

— Qu'il soit fait selon tes désirs, Blondine; monte sur mon dos et ne crains ni la faim, ni la soif, ni le sommeil, ni aucun accident pendant notre long voyage; tant qu'il durera, tu n'auras aucun de ces inconvénients à redouter. »

Blondine monta sur le dos de la Tortue.

« Maintenant, silence! dit celle-ci; pas un mot avant que nous soyons arrivées et que je te parle la première. »

X

LE VOYAGE ET L'ARRIVÉE

Le voyage de Blondine dura, comme le lui avait dit la Tortue, six mois; elle fut trois mois avant de sortir de la forêt; elle se trouva alors dans une plaine aride qu'elle traversa pendant six semaines, et au bout de laquelle elle aperçut un château qui lui rappela celui de Bonne-Biche et de Beau-Minon. Elles furent un grand mois avant d'arriver à l'avenue de ce château; Blondine grillait d'impatience. Était-ce le château où elle devait connaître le sort de ses amis? elle n'osait le demander malgré le désir extrême qu'elle en avait. Si elle avait pu descendre de dessus le dos de la Tortue, elle eût franchi en dix minutes l'espace qui la séparait du château; mais la Tortue marchait toujours, et Blondine se souvenait qu'on lui avait défendu de dire une parole ni de descendre. Elle se résigna donc à attendre, malgré son extrême impatience. La Tortue semblait ralentir sa marche au lieu de la hâter; elle mit encore quinze jours, qui semblèrent à Blondine quinze siècles, à parcourir cette avenue. Blondine ne perdait pas de vue ce château et cette porte; le château paraissait désert; aucun bruit, aucun mouvement ne s'y faisait sentir. Enfin, après cent quatre-vingts jours de voyage, la Tortue s'arrêta et dit à Blondine :

« Maintenant, Blondine, descendez; vous avez gagné par votre courage et votre obéissance la récompense que je vous avais promise; entrez dans la petite porte qui est devant vous; demandez à la première personne que vous rencontrerez la fée Bienveillante : c'est elle qui vous instruira du sort de vos amis. »

Blondine sauta lestement à terre; elle craignait qu'une si longue immobilité n'eût raidi ses jambes, mais elle se sentit légère comme au temps où elle vivait heureuse chez Bonne-Biche et Beau-Minon et où elle courait des heures entières, cueillant des fleurs et poursuivant des papillons. Après avoir remercié avec effusion la Tortue, elle ouvrit précipitamment la porte qui lui avait été indiquée, et se trouva en face d'une jeune personne vêtue de blanc, qui lui demanda d'une voix douce qui elle désirait voir.

« Je voudrais voir la fée Bienveillante, répondit Blondine; dites-lui, Mademoiselle, que la princesse Blondine la prie instamment de la recevoir.

Le voyage. (Page 57.)

— Suivez-moi, princesse », reprit la jeune personne.

Blondine la suivit en tremblant ; elle traversa plusieurs beaux salons, rencontra plusieurs jeunes personnes vêtues comme celle qui la précédait, et qui la regardaient en souriant et d'un air de connaissance ; elle arriva enfin dans un salon semblable en tous points à celui qu'avait Bonne-Biche dans la forêt des Lilas.

Ce souvenir la frappa si douloureusement qu'elle ne s'aperçut pas de la disparition de la jeune personne blanche ; elle examinait avec tristesse l'ameublement du salon ; elle n'y remarqua qu'un seul meuble que n'avait pas Bonne-Biche dans la forêt des Lilas : c'était une grande armoire en or et en ivoire d'un travail exquis ; cette armoire était fermée. Blondine se sentit attirée vers elle par un sentiment indéfinissable, et elle la contemplait sans en pouvoir détourner les yeux, lorsqu'une porte s'ouvrit : une dame belle et jeune encore, magnifiquement vêtue, entra et s'approcha de Blondine.

« Que me voulez-vous, mon enfant ? lui dit-elle d'une voix douce et caressante.

— Oh ! Madame, s'écria Blondine en se jetant à ses pieds, on m'a dit que vous pouviez me donner des nouvelles de mes chers et excellents amis Bonne-Biche et Beau-Minon. Vous savez sans doute, Madame, par quelle coupable désobéissance je les ai perdus ; longtemps je les ai pleurés, les croyant morts : mais la Tortue qui m'a amenée jusqu'ici, m'a donné l'espérance de les retrouver un jour. Dites-moi, Madame, dites-moi s'ils vivent et ce que je dois faire pour mériter le bonheur de les revoir.

— Blondine, dit la fée Bienveillante avec tristesse, vous allez connaître le sort de vos amis ; mais, quoi que vous voyiez, ne perdez pas courage ni espérance. »

En disant ces mots, elle releva la tremblante Blondine, et la conduisit devant l'armoire qui avait déjà frappé ses yeux.

« Voici, Blondine, la clef de cette armoire, ouvrez-la vous-même et conservez votre courage. »

Elle remit à Blondine une clef d'or.

Blondine ouvrit l'armoire d'une main tremblante.... Que devint-elle quand elle vit dans cette armoire les peaux de Bonne-Biche et de Beau-Minon, attachées avec des clous de diamant? A cette vue, la malheureuse Blondine poussa un cri déchirant et tomba évanouie dans les bras de la fée.

La porte s'ouvrit encore une fois, et un prince beau comme le jour se précipita vers Blondine en disant :

« Oh! ma mère, l'épreuve est trop forte pour notre chère Blondine.

— Hélas! mon fils, mon cœur saigne pour elle; mais tu sais que cette dernière punition était indispensable pour la délivrer à jamais du joug cruel du génie de la forêt des Lilas. »

En disant ces mots, la fée Bienveillante toucha

Blondine de sa baguette. Blondine revint immédiatement à elle; mais, désolée, sanglotante, elle s'écria :

« Laissez-moi mourir, la vie m'est odieuse; plus d'espoir, plus de bonheur pour la pauvre Blondine; mes amis, mes chers amis, je vous rejoindrai bientôt.

— Blondine, chère Blondine, dit la fée en la serrant dans ses bras, tes amis vivent et t'aiment, je suis Bonne-Biche, et voici mon fils Beau-Minon. Le méchant génie de la forêt des Lilas, profitant d'une négligence de mon fils, était parvenu à s'emparer de nous et à nous donner les formes sous lesquelles vous nous avez connus; nous ne devions reprendre nos formes premières que si vous enleviez la Rose que je savais être votre mauvais génie et que je retenais captive. Je l'avais placée aussi loin que possible de mon palais, afin de la soustraire à vos regards; je savais les malheurs auxquels vous vous exposiez en délivrant votre mauvais génie de sa prison, et le ciel m'est témoin que mon fils et moi nous eussions volontiers resté toute notre vie Bonne-Biche et Beau-Minon à vos yeux, pour vous épargner les cruelles douleurs par lesquelles vous avez passé. Le Perroquet est parvenu jusqu'à vous malgré nos soins; vous savez le reste, ma chère enfant; mais ce que vous ne savez pas, c'est tout ce que nous avons souffert de vos larmes et de votre isolement. »

Blondine ne se lassait pas d'embrasser la fée, de la remercier, ainsi que le prince; elle leur adressait mille questions :

« Que sont devenues, dit-elle, les gazelles qui nous servaient?

— Vous les avez vues, chère Blondine : ce sont les jeunes personnes qui vous ont accompagnée jusqu'ici; elles avaient, comme nous, subi cette triste métamorphose.

— Et la bonne vache qui m'apportait du lait tous les jours?

— C'est nous qui avons obtenu de la reine des fées de vous envoyer ce léger adoucissement; les paroles encourageantes du Corbeau, c'est encore de nous qu'elles venaient.

— C'est donc vous, Madame, qui m'avez aussi envoyé la Tortue?

— Oui, Blondine; la reine des fées, touchée de votre douleur, retira au génie de la forêt tout pouvoir sur vous, à la condition d'obtenir de vous une dernière preuve de soumission en vous obligeant à ce voyage si long et si ennuyeux, et de vous infliger une dernière punition en vous faisant croire à la mort de mon fils et à la mienne. J'ai prié, supplié la reine des fées de vous épargner au moins cette dernière douleur, mais elle a été inflexible. »

Blondine ne se lassait pas d'écouter, de regarder, d'embrasser ses amis perdus depuis si longtemps, qu'elle avait cru ne jamais revoir. Le souvenir de son père se présenta à son esprit. Le prince Parfait devina le désir de Blondine et en fit part à la fée.

« Préparez-vous, chère Blondine, à revoir votre père; prévenu par moi, il vous attend.

Ils restèrent longtemps embrassés. (Page 67.)

Au même moment, Blondine se trouva dans un char de perles et d'or; à sa droite était la fée; à ses pieds était le prince Parfait, qui la regardait avec bonheur et tendresse; le char était traîné par quatre cygnes d'une blancheur éblouissante; ils volèrent avec une telle rapidité qu'il ne leur fallut que cinq minutes pour arriver au palais du roi Bénin.

Toute la cour du roi était assemblée près de lui : on attendait Blondine; lorsque le char parut, ce furent des cris de joie tellement étourdissants, que les cygnes faillirent en perdre la tête et se tromper de chemin. Le prince, qui les menait, rappela heureusement leur attention, et le char s'abattit au pied du grand escalier.

Le roi Bénin s'élança vers Blondine, qui, sautant à terre, se jeta dans ses bras. Ils restèrent longtemps embrassés. Tout le monde pleurait, mais c'était de joie.

Quand le roi se fut un peu remis, il baisa tendrement la main de la fée, qui lui rendait Blondine après l'avoir élevée et protégée. Il embrassa le prince Parfait, qu'il trouva charmant.

Il y eut huit jours de fêtes pour le retour de Blondine; au bout de ces huit jours, la fée voulut retourner chez elle; le prince Parfait et Blondine étaient si tristes de se séparer, que le roi convint avec la fée qu'ils ne se quitteraient plus; le roi épousa la fée, et Blondine épousa le prince Parfait, qui fut toujours pour elle le Beau-Minon de la forêt des Lilas.

Brunette, ayant fini par se corriger, vint souvent voir Blondine.

Le prince Violent, son mari, devint plus doux à mesure que Brunette devenait meilleure, et ils furent assez heureux.

Quant à Blondine, elle n'eut jamais un instant de chagrin; elle donna le jour à des filles qui lui ressemblèrent, à des fils qui ressemblèrent au prince Parfait. Tout le monde les aimait, et autour d'eux tout le monde fut heureux.

LE
BON PETIT HENRI

I

LA PAUVRE MÈRE MALADE

Il y avait une fois une pauvre femme qui était veuve et qui vivait seule avec son petit Henri; elle l'aimait tendrement, et elle avait bien raison de l'aimer, car jamais on n'avait vu un plus charmant enfant. Quoiqu'il n'eût encore que sept ans, il faisait tout le ménage pendant que la pauvre maman travaillait pour aller ensuite vendre son ouvrage et faire vivre son petit Henri et elle-même. Il balayait, il lavait le plancher, il faisait la cuisine, il bêchait et cultivait le jardin, et, quand son ouvrage était fini, il se mettait à raccommoder ses habits, les souliers de sa maman, ou bien à faire des bancs, des tables et tout ce qu'il avait la force de fabriquer. La maison où ils vivaient était à eux; elle était isolée; en face de leur fenêtre était une haute montagne, si haute que personne n'avait jamais pu monter jusqu'au sommet ; d'ailleurs elle était entourée d'un torrent, de murs élevés et de précipices infranchissables.

Ils étaient heureux et contents ; mais un jour la pauvre maman tomba malade. Elle ne connaissait pas de médecin ; d'ailleurs elle n'aurait pas eu d'argent pour le payer. Le pauvre Henri ne savait ce qu'il fallait faire pour la guérir ; quand elle avait soif, il lui faisait boire de l'eau, car il n'avait pas autre chose à lui donner ; il restait nuit et jour près d'elle ; il mangeait à peine un morceau de pain sec au pied de son lit et, quand elle dormait, il la regardait et pleurait. La maladie augmenta de jour en jour, et enfin la pauvre femme fut tout à fait mourante ; elle ne pouvait ni parler ni même avaler quoi que ce fût ; elle ne reconnaissait plus son petit Henri, qui sanglotait à genoux près de son lit. Dans son désespoir, il s'écria :

« Fée Bienfaisante, venez à mon secours, sauvez ma pauvre maman ! »

A peine eut-il prononcé ces mots, que la fenêtre s'ouvrit, et qu'il vit entrer une dame richement vêtue qui lui demanda d'une voix douce :

« Que désirez-vous de moi, mon petit ami ? Vous m'avez appelée ; me voici.

— Madame, s'écria Henri en se jetant à ses genoux et en joignant les mains, si vous êtes la fée Bienfaisante, sauvez ma pauvre maman, qui va mourir et me laisser seul en ce monde. »

La fée regarda Henri d'un air attendri ; puis, sans mot dire, elle s'approcha de la pauvre femme, se pencha sur elle, l'examina attentivement, souffla sur son visage, et dit :

« Il n'est pas en mon pouvoir de guérir ta maman mon pauvre enfant; c'est à toi seul qu'est réservée sa guérison, si tu as le courage d'entreprendre le voyage que je vais t'indiquer.

— Parlez, Madame, parlez; il n'est rien que je ne fasse pour sauver maman.

— Il faut, dit la fée, que tu ailles chercher la *plante de vie* qui croît au haut de la montagne que tu vois par cette fenêtre; quand tu auras cette plante, tu en exprimeras le suc dans la bouche de ta maman, qui reviendra immédiatement à la vie.

— Je vais partir tout de suite, Madame; mais qui est-ce qui soignera ma pauvre maman pendant mon absence? et, d'ailleurs, ajouta-t-il en sanglotant plus fort, elle sera morte bien avant mon retour.

— Sois tranquille, pauvre enfant : si tu vas chercher la plante de vie, ta mère n'aura besoin de rien jusqu'à ton retour, et elle restera dans l'état où tu la vois actuellement. Mais tu courras bien des dangers, tu subiras bien des fatigues avant d'avoir cette plante; il te faudra un grand courage et une grande persévérance pour la rapporter.

— Je ne crains pas, Madame, de manquer de courage et de persévérance. Dites-moi seulement comment je reconnaîtrai cette plante parmi toutes celles qui couvrent la montagne.

— Si tu arrives jusqu'en haut, tu appelleras le docteur chargé de la garde de cette plante; tu diras que c'est moi qui t'ai envoyé, et il t'en remettra une tige. »

Henri remercia la fée en lui baisant les mains, prit congé de sa mère, la couvrit de baisers, mit un pain dans sa poche, et sortit après avoir salué respectueusement la fée.

La fée sourit en regardant ce pauvre enfant de sept ans qui partait tout seul pour gravir une montagne si dangereuse que tous ceux qui avaient tenté d'en atteindre le sommet avaient péri.

II

LE CORBEAU, LE COQ ET LA GRENOUILLE

Le petit Henri marcha résolument à la montagne, qui se trouva être plus éloignée qu'elle ne paraissait ; au lieu d'y arriver en une demi-heure, comme il le croyait, il marcha toute la journée avant de se trouver au pied.

Au tiers du chemin à peu près il vit un Corbeau qui s'était pris par la patte dans un piège que lui avait tendu un méchant garçon. Le pauvre Corbeau cherchait inutilement à se dégager de ce piège qui le faisait cruellement souffrir. Henri courut à lui, coupa la ficelle qui tenait la patte du Corbeau, et le délivra. Le Corbeau s'envola à tire-d'aile, après avoir crié à Henri :

« Grand merci, mon brave Henri, je te le revaudrai ! »

Henri fut très surpris d'entendre parler un Corbeau, mais il n'en continua pas moins sa route.

Quelque temps après, pendant qu'il se reposait dans un buisson épais et qu'il mangeait un morceau de son pain, il vit un Coq poursuivi par un Renard, et qui allait être pris, malgré ses efforts inouïs pour s'échapper. Le Coq passa tout près de Henri, qui, le saisissant adroitement, l'attira à lui et le cacha sous sa veste sans que le Renard eût pu le voir. Le Renard continua à courir, pensant que le Coq avait volé plus loin ; Henri ne bougea pas jusqu'à ce que le Renard fût hors de vue ; alors il laissa aller le Coq, qui lui dit à mi-voix :

« Grand merci, mon brave Henri, je te le revaudrai ! »

Henri était reposé ; il se leva et continua à marcher.

Quand il eut fait encore un bon bout de chemin, il vit une pauvre Grenouille qui allait être dévorée par un Serpent.

La Grenouille tremblait et ne bougeait pas, paralysée par la peur ; le Serpent avançait rapidement vers elle, la gueule béante. Henri saisit une grosse pierre et la lança si habilement dans la gueule du Serpent, au moment où celui-ci allait dévorer la Grenouille, que la pierre entra dans la gorge du Serpent et l'étouffa ; la Grenouille s'éloigna en sautant, et cria à Henri :

« Grand merci, mon brave Henri, je te le revaudrai ! »

Henri, qui avait déjà entendu parler le Corbeau et le Coq, ne s'étonna plus d'entendre parler la Grenouille et continua sa route.

Peu après il arriva au pied de la montagne ; mais il vit qu'il y avait une rivière large et profonde qui coulait au pied, si large qu'on voyait à peine l'autre bord.

Henri s'arrêta bien embarrassé. « Peut-être, se dit-il, trouverai-je un pont, ou un gué, ou un bateau. » Il se mit à longer la rivière, qui tournait tout autour de la montagne ; mais partout elle était large et profonde, et nulle part il n'y avait ni pont ni bateau. Le pauvre Henri s'assit en pleurant au bord de la rivière.

« Fée Bienfaisante, fée Bienfaisante, venez à mon secours ! s'écria-t-il. A quoi me sert de savoir qu'au haut de la montagne est une plante qui sauvera ma pauvre maman, si je ne puis y arriver ? »

Au même moment, le Coq qu'il avait protégé contre le Renard apparut au bord et lui dit :

« La fée Bienfaisante ne peut rien pour toi ; cette montagne est hors de sa puissance ; mais tu m'as sauvé la vie, je veux te témoigner ma reconnaissance. Monte sur mon dos, Henri, et, foi de Coq, je te mènerai à l'autre bord. »

Henri n'hésita pas ; il se lança sur le dos du Coq, s'attendant à tomber dans l'eau ; mais il ne fut même pas mouillé, car le Coq le reçut si habilement sur son dos, qu'il s'y trouva assis aussi solidement que sur un cheval. Il se cramponna fortement à la crête du Coq, qui commença la traversée ; la rivière était si large qu'il vola pendant vingt et un jours avant d'arriver à l'autre bord, et pendant ces vingt et un jours Henri n'eut ni faim, ni soif, ni sommeil.

Quand ils furent arrivés, Henri remercia poliment le Coq, qui hérissa gracieusement ses plumes et disparut.

Un instant après, Henri se retourna, la rivière avait aussi disparu.

« C'est sans doute le génie de la montagne qui voulait m'empêcher d'arriver, dit Henri ; mais avec le secours de la fée Bienfaisante, me voici bien près d'atteindre le but. »

III

LA MOISSON

Il marcha longtemps, longtemps ; mais il avait beau marcher, il n'était pas plus loin du pied de la montagne ni plus près du sommet que lorsqu'il avait passé la rivière.

Un autre enfant aurait retourné sur ses pas ; mais le brave petit Henri ne se découragea pas, et, malgré une fatigue extrême, il marcha vingt et un jours sans avancer davantage. Au bout de ce temps, il n'était pas plus découragé qu'au premier jour.

« Dussé-je marcher cent ans, dit-il, j'irai jusqu'à ce que j'arrive en haut. »

A peine avait-il prononcé ces paroles, qu'il vit devant lui un petit Vieillard qui le regardait d'un air malin.

« Tu as donc bien envie d'arriver, petit? lui dit-il. Que cherches-tu au haut de cette montagne?

— La plante de vie, mon bon Monsieur, pour sauver ma bonne maman qui se meurt. »

Le petit Vieillard hocha la tête, appuya son petit menton pointu sur la pomme d'or de sa canne, et dit, après avoir examiné longuement Henri :

« Ta physionomie douce et franche me plaît, mon garçon; je suis un des génies de la montagne : je te laisserai avancer à condition que tu me récolteras tout mon blé, que tu le battras, que tu en feras de la farine, et que tu mettras la farine en pains. Quand tout sera récolté, battu, moulu et cuit, appelle-moi. Tu trouveras tous les ustensiles qui te seront nécessaires dans le fossé ici près de toi : les champs de blé sont devant toi et couvrent la montagne. »

Le petit Vieillard disparut, et Henri considéra d'un œil effrayé les immenses champs de blé qui se déroulaient devant lui. Mais il surmonta bien vite ce sentiment de découragement, ôta sa veste, prit dans le fossé une faucille et se mit résolument à couper le blé. Il y passa cent quatre-vingt-quinze jours et autant de nuits.

Quand tout fut coupé, Henri se mit à battre le blé avec un fléau qu'il trouva sous sa main; il le

La rivière était si large qu'il y a pendant vingt et un jours. (Page 77.)

battit pendant soixante jours. Quand tout fut battu, il commença à le moudre dans un moulin qui s'éleva près du blé. Il moulut pendant quatre-vingt-dix jours. Quand tout fut moulu, il se mit à pétrir et à cuire, il pétrit et cuisit pendant cent vingt jours. A mesure que les pains étaient cuits, il les rangeait proprement sur des rayons, comme des livres dans une bibliothèque. Lorsque tout fut fini, Henri se sentit transporté de joie et appela le génie de la montagne. Le génie apparut immédiatement, compta quatre cent soixante-huit mille trois cent vingt-neuf pains, croqua un petit bout du premier et du dernier, s'approcha de Henri, lui donna une petite tape sur la joue et lui dit :

« Tu es un bon garçon et je veux te payer ton travail. »

Il tira de sa petite poche une tabatière en bois, qu'il donna à Henri en disant avec malice :

« Quand tu seras de retour chez toi, tu ouvriras ta tabatière, tu y trouveras du tabac comme jamais tu n'en as eu. »

Henri ne prenait jamais de tabac, et le présent du petit génie ne lui sembla pas bien utile; mais il était trop poli pour témoigner ce qu'il pensait; et il remercia le Vieillard d'un air satisfait.

Le petit Vieillard sourit, puis éclata de rire et disparut.

IV

LA VENDANGE

Henri recommença à marcher et s'aperçut avec bonheur que chaque pas le rapprochait du haut de la montagne. En trois heures il était arrivé aux deux tiers du chemin, lorsqu'il se trouva arrêté par un mur très élevé qu'il n'avait pas aperçu; il le longea et vit avec effroi, après trois jours de marche, que ce mur faisait le tour de la montagne, et qu'il n'y avait pas la moindre porte, la moindre ouverture par laquelle on pût pénétrer.

Henri s'assit par terre et réfléchit à ce qu'il devait faire; il se résolut à attendre. Il attendit pendant quarante-cinq jours; au bout de ce temps il dit :

« Dussé-je encore attendre cent ans, je ne bougerai pas d'ici! »

A peine eut-il dit ces mots, qu'un pan de mur s'écroula avec un bruit effroyable et qu'il vit s'avancer, par cette ouverture, un géant qui brandissait un énorme bâton.

« Tu as donc bien envie de passer, mon garçon? Que cherches-tu au delà de mon mur?

— Je cherche la plante de vie, Monsieur le Géant, pour guérir ma pauvre maman qui se meurt S'il est en votre pouvoir de me faire franchir ce mur,

Tu as donc bien envie de passer mon garçon? »

je ferai pour votre service tout ce que vous me commanderez.

— En vérité? Eh bien, écoute : ta physionomie me plaît; je suis un des génies de la montagne, et je te ferai passer ce mur si tu veux me remplir mes caves. Voici toutes mes vignes; cueille le raisin, écrase-le; mets-en le jus dans mes tonneaux, et range mes tonneaux dans mes caves. Tu trouveras tout ce qui te sera nécessaire au pied de ce mur. Quand ce sera fait, appelle-moi. »

Et le Géant disparut, refermant le mur derrière lui.

Henri regarda autour de lui; à perte de vue s'étendaient les vignes du Géant.

« J'ai bien ramassé tous les blés du petit vieillard, se dit Henri, je pourrai bien cueillir les raisins du Géant : ce sera un travail moins long et moins difficile de mettre le raisin en vin que de mettre le blé en pains. »

Henri ôta sa veste, ramassa une serpette qu'il trouva à ses pieds, et se mit à couper les grappes et à les jeter dans des cuves. Il fut trente jours à faire la récolte. Quand tout fut cueilli, il écrasa le raisin et en versa le jus dans des tonneaux, qu'il rangeait dans des caves à mesure qu'il les remplissait; il fut quatre-vingt-dix jours à faire le vin. Lorsque tout le vin fut prêt, les tonneaux bien mis en ordre, les caves bien arrangées, Henri appela le Géant, qui apparut immédiatement, examina les tonneaux. goûta le vin du premier et du dernier, se tourna vers Henri et lui dit :

« Tu es un brave petit homme, et je veux te payer de ta peine; il ne sera pas dit que tu aies travaillé gratis pour le Géant de la montagne. »

Il tira de sa poche un chardon, le donna à Henri et lui dit :

« Quand tu seras revenu chez toi, chaque fois que tu désireras quelque chose, sens ton chardon. »

Henri trouva que le présent n'était pas généreux, mais il le reçut en souriant d'un air aimable.

Au même instant, le Géant siffla à faire trembler la montagne; le mur et le Géant disparurent immédiatement, et Henri put continuer sa route.

V

LA CHASSE

Il n'était plus qu'à une demi-heure de marche du sommet de la montagne, lorsqu'il se vit arrêté par un précipice si large qu'il était impossible de sauter de l'autre côté, et si profond qu'il n'en voyait pas le fond.

Henri ne perdit pas courage; il suivit le bord du précipice jusqu'à ce qu'il fût revenu à l'endroit d'où il était parti; il vit alors que le précipice tournait autour de la montagne.

« Que faire? dit le pauvre Henri; à peine ai-je franchi un obstacle, qu'il s'en élève un autre. Comment passer ce précipice? »

Et le pauvre enfant sentit, pour la première fois, ses yeux pleins de larmes : il chercha le moyen de passer ce précipice; il n'en trouva pas et il s'assit tristement au bord. Tout à coup il entendit un effroyable rugissement; en se retournant, il vit, à dix pas de lui, un Loup énorme qui le regardait avec des yeux flamboyants.

« Que viens-tu chercher dans mes domaines? dit le Loup d'une voix formidable.

— Monseigneur le Loup, je viens chercher la plante de vie pour ma pauvre maman qui se meurt. Si vous pouvez me faire passer ce précipice, je serai votre serviteur dévoué pour tout ce que vous me commanderez.

— Eh bien, mon garçon, si tu peux attraper tout le gibier qui est dans mes forêts, oiseaux et quadrupèdes, et me les mettre en rôtis et en pâtés, foi de génie de la montagne, je te ferai passer de l'autre côté du précipice. Tu trouveras près de cet arbre tout ce qu'il te faut pour ta chasse et ta cuisine. Quand tu auras fini, tu m'appelleras. »

En disant ces mots, il disparut.

Henri reprit courage; il ramassa un arc et des flèches qu'il vit à terre et se mit à tirer sur les perdrix, les bécasses, les gelinottes, les coqs de bruyère qui passaient; mais il ne savait pas tirer et il ne tuait rien.

Il y avait huit jours qu'il tirait en vain, et il commençait à s'ennuyer, lorsqu'il vit près de lui le Corbeau qu'il avait sauvé en commençant son voyage.

« Tu m'as sauvé la vie, croassa le Corbeau, et je t'ai dit que je te le revaudrais ; je viens tenir ma promesse : car, si tu n'accomplis pas les ordres du Loup, il te croquera en guise de gibier. Suis-moi ; je vais faire la chasse ; tu n'auras qu'à ramasser le gibier et à le faire cuire. »

En disant ces mots, il vola au-dessus des arbres de la forêt et se mit à tuer à coups de bec et de griffes tout le gibier qui peuplait cette forêt ; il tua ainsi, pendant cent cinquante jours, un million huit cent soixante mille sept cent vingt-six pièces : chevreuils, perdrix, bécasses, gelinottes, coqs de bruyère et cailles.

A mesure que le Corbeau les tuait, Henri les dépeçait, les plumait ou les écorchait, et les faisait cuire soit en pâtés, soit en rôtis. Quand tout fut cuit, il rangea tout, proprement, le long de la forêt ; alors le Corbeau lui dit :

« Adieu, Henri, il te reste encore un obstacle à franchir, mais je ne puis pas t'y aider ; ne perds pas courage ; les fées protègent l'amour filial ! »

Avant que Henri eût le temps de remercier le Corbeau, il avait disparu. Il appela alors le Loup et lui dit :

« Voici, Monseigneur, tout le gibier de vos forêts ; je l'ai cuit comme vous me l'avez ordonné. Veuillez me faire passer le précipice. »

Le Loup examina le gibier, croqua un chevreuil rôti et un pâté, se lécha les lèvres, et dit à Henri :

« Tu es un bon et brave garçon ; je vais te payer de ta peine ; il ne sera pas dit que tu aies travaillé

« Que viens-tu chercher dans mes domaines? » (Page 87.)

pour le Loup de la montagne sans qu'il t'ait payé ton travail. »

En disant ces mots, il donna à Henri un bâton qu'il alla chercher dans la forêt et lui dit :

« Quand tu auras cueilli la plante de vie et que tu voudras te transporter quelque part, monte à cheval sur ce bâton. »

Henri fut sur le point de rejeter dans la forêt ce bâton inutile, mais il pensa que ce ne serait pas poli, il le prit en remerciant le Loup.

« Monte sur mon dos, Henri », dit le Loup.

Henri sauta sur le dos du Loup; aussitôt le Loup fit un bond si prodigieux qu'il se trouva de l'autre côté du précipice. Henri descendit, remercia le Loup et continua sa marche.

VI

LA PÊCHE

Enfin il aperçut le treillage du jardin où était enfermée la plante de vie, et il sentit son cœur bondir de joie; il regardait toujours en haut tout en marchant et allait aussi vite que le lui permettaient ses forces, quand il sentit tout d'un coup qu'il tombait dans un trou; il sauta vivement en arrière, regarda à ses côtés et vit un fossé plein d'eau, assez large et surtout très long, si long qu'il n'en voyait pas les deux bouts.

« C'est sans doute le dernier obstacle dont m'a parlé le Corbeau, dit Henri. Puisque j'ai franchi tous les autres avec le secours de la bonne fée Bienfaisante, elle m'aidera bien certainement à surmonter celui-ci. C'est elle qui m'a envoyé le Coq et le Corbeau, ainsi que le petit Vieillard, le Géant et le Loup. Je vais attendre qu'il lui plaise de m'aider cette dernière fois. »

En disant ces mots, Henri se mit à longer le fossé dans l'espoir d'en trouver la fin ; il marcha pendant deux jours, au bout desquels il se retrouva à la même place d'où il était parti.

Henri ne s'affligea pas, ne se découragea pas ; il s'assit au bord du fossé et dit :

« Je ne bougerai pas d'ici jusqu'à ce que le génie de la montagne m'ait fait passer ce fossé. »

A peine eut-il dit ces mots, qu'il vit devant lui un énorme Chat qui se mit à miauler si épouvantablement, que Henri en fut étourdi. Le Chat lui dit :

« Que viens-tu faire ici ? Sais-tu que je pourrais te mettre en pièces d'un coup de griffe ?

— Je n'en doute pas, Monseigneur le Chat, mais vous ne le voudrez pas faire quand vous saurez que je viens chercher la plante de vie pour sauver ma pauvre maman qui se meurt. Si vous voulez bien me permettre de passer votre fossé, je suis prêt à faire tout ce qu'il vous plaira de me commander.

— En vérité ? dit le Chat. Écoute : ta figure me plaît ; si tu peux me pêcher tous les poissons qui vivent dans ce fossé; si tu peux, après les avoir pêchés, me les faire cuire ou me les saler, je te ferai passer de l'autre côté, foi de Chat. Tu trouveras ce qu'il te faut ici près sur le sable. Quand tu auras fini, appelle-moi. »

Henri fit quelques pas et vit à terre des filets, des lignes, des hameçons. Il prit un filet, pensant que d'un coup il prendrait beaucoup de poissons, et que cela irait plus vite qu'avec la ligne. Il jeta donc le filet, le retira avec précaution : il n'y avait rien. Désappointé, Henri pensa qu'il s'y était mal pris; il rejeta le filet, tira doucement : rien encore. Henri était patient; il recommença pendant dix jours sans attraper un seul poisson. Alors il laissa le filet et jeta la ligne.

Il attendit une heure, deux heures : aucun poisson ne mordit à l'hameçon. Il changea de place jusqu'à ce qu'il eut fait le tour du fossé; il ne prit pas un seul poisson; il continua pendant quinze jours. Ne sachant que faire, il pensa à la fée Bienfaisante, qui l'abandonnait à la fin de son entreprise, et s'assit tristement en regardant le fossé, lorsque l'eau se mit à bouillonner, et il vit paraître la tête d'une Grenouille.

« Henri, dit la Grenouille, tu m'as sauvé la vie, je veux te la sauver à mon tour; si tu n'exécutes pas les ordres du Chat de la montagne, il te croquera pour son déjeuner. Tu ne peux pas attraper les poissons, parce que le fossé est si profond qu'ils se réfugient tous au fond; mais laisse-moi faire : allume ton feu pour les cuire, prépare tes tonneaux pour les saler, je vais te les apporter tous. »

Disant ces mots, la Grenouille s'enfonça dans l'eau ; Henri vit l'eau s'agiter et bouillonner comme s'il se livrait un grand combat au fond du fossé. Au bout d'une minute, la Grenouille reparut et sauta sur le bord, où elle déposa un superbe saumon, qu'elle venait de pêcher avec ses pattes. A peine Henri avait-il eu le temps de saisir le saumon que la Grenouille reparut avec une carpe ; elle continua ainsi pendant soixante jours. Henri cuisait les gros poissons, jetait les petits dans les tonneaux et les salait ; enfin, au bout de deux mois, la Grenouille sauta au bord du fossé et dit à Henri :

« Il ne reste plus un seul poisson dans le fossé, tu peux appeler le Chat de la montagne. »

Henri remercia vivement la Grenouille, qui lui tendit sa patte mouillée en signe d'amitié ; Henri la serra amicalement, et la Grenouille disparut.

Quand Henri eut rangé pendant quinze jours tous les poissons cuits et tous les tonneaux pleins de poissons salés, il appela le Chat, qui apparut tout de suite.

« Voici, Monseigneur, lui dit Henri, tous vos poissons cuits et salés. Veuillez tenir votre promesse et me faire passer à l'autre bord. »

Le Chat examina les poissons et les tonneaux, goûta un poisson cuit et un poisson salé, se lécha les lèvres, sourit et dit à Henri :

« Tu es un brave garçon ; je veux récompenser

« Voici, Monseigneur, tous vos poissons. »

ta patience; il ne sera pas dit que le Chat de la montagne n'ait pas payé tes services. »

En disant ces mots, le Chat s'arracha une griffe et la donna à Henri en lui disant :

« Quand tu seras malade ou que tu te sentiras vieillir, touche ton front avec cette griffe : maladie, souffrance, vieillesse disparaîtront; elle aura la même vertu pour tous ceux que tu aimeras et qui t'aimeront. »

Henri remercia le Chat avec effusion, prit la précieuse griffe et voulut l'essayer immédiatement, car il se sentait fatigué et souffrant. A peine la griffe eut-elle touché son front, qu'il se sentit frais et dispos comme s'il sortait du lit.

Le Chat sourit et dit :

« A présent monte sur ma queue. »

Henri obéit. A peine fut-il sur la queue du Chat, que cette queue s'allongea tellement qu'il se trouva à l'autre bord du fossé.

VII

LA PLANTE DE VIE

Henri salua respectueusement le Chat et courut vers le jardin de la plante de vie, qui n'était plus qu'à cent pas de lui. Il tremblait que quelque nouvel obstacle ne retardât sa marche; mais il atteignit le treillage du jardin. Il chercha la porte et la trouva promptement, car le jardin n'était pas grand ; mais il y avait une si grande quantité de plantes qui lui étaient inconnues, qu'il lui fut impossible de trouver la *plante de vie*.

Il se souvint heureusement que la fée Bienfaisante lui avait dit d'appeler le docteur qui cultivait ce jardin des fées, et il l'appela à haute voix. A peine l'eut-il appelé, qu'il entendit du bruit dans les plantes qui étaient près de lui, et qu'il en vit sortir un petit homme haut comme un balai de cheminée ; il tenait un livre sous le bras, avait des lunettes sur son nez crochu et portait un grand manteau noir de Docteur.

« Que cherchez-vous, petit ? dit le Docteur en se redressant. Et comment avez-vous pu parvenir jusqu'ici ?

— Monsieur le Docteur, je viens de la part de la fée Bienfaisante vous demander la plante de vie pour guérir ma pauvre maman qui se meurt.

— Ceux qui viennent de la part de la fée Bienfaisante, dit le petit docteur en soulevant son chapeau, sont les bienvenus. Venez, petit, je vais vous donner la plante que vous cherchez.

Il s'enfonça dans le jardin botanique, où Henri eut quelque peine à le suivre, parce qu'il disparaissait entièrement sous les tiges ; enfin ils arrivèrent près d'une plante isolée : le petit Docteur tira une petite serpette de sa petite poche, en coupa une tige et la donna à Henri en lui disant :

« Voici, faites-en l'usage que vous a prescrit la fée ; mais ne la laissez pas sortir de vos mains, car

« Que cherchez-vous, petit ? »

si vous la posez n'importe où, elle vous échappera sans que vous puissiez jamais la ravoir.

Henri voulut le remercier, mais le petit homme avait déjà disparu au milieu de ses herbes médicinales, et Henri se trouva seul.

« Comment ferai-je maintenant pour arriver vite à la maison? Si en descendant je rencontre les mêmes obstacles qu'en montant, je risque de perdre ma plante, ma chère plante qui doit rendre la vie à ma pauvre maman. »

Il se ressouvint heureusement du bâton que lui avait donné le Loup.

« Voyons, dit-il, s'il a vraiment le pouvoir de me transporter dans ma maison. »

En disant ces mots, il se mit à cheval sur le bâton en souhaitant d'être chez lui. Au même moment il se sentit enlever dans les airs, qu'il fendit avec la rapidité de l'éclair, et il se trouva près du lit de sa maman.

Il se précipita sur elle et l'embrassa tendrement, mais elle ne l'entendait pas; Henri ne perdit pas de temps, il pressa la plante de vie sur les lèvres de sa maman, qui au même instant ouvrit les yeux et jeta ses bras autour du cou de Henri en s'écriant :

« Mon enfant, mon cher Henri, j'ai été bien malade, mais je me sens bien à présent; j'ai faim. »

Puis le regardant avec étonnement :

« Comme tu es grandi, mon cher enfant! Qu'est-ce donc? Comment as-tu pu grandir ainsi en quelques jours? »

C'est que Henri était véritablement grandi de

toute la tête, car il y avait deux ans sept mois et six jours qu'il était parti. Henri avait près de dix ans. Avant qu'il eût le temps de répondre, la fenêtre s'ouvrit et la fée Bienfaisante parut. Elle embrassa Henri, et, s'approchant du lit de la maman, lui raconta tout ce que le petit Henri avait fait pour la sauver, les dangers qu'il avait courus, les fatigues qu'il avait endurées, le courage, la patience, la bonté qu'il avait montrés. Henri rougissait de s'entendre louer ainsi par la fée : la maman serrait son petit Henri contre son cœur et ne se lassait pas de l'embrasser. Après les premiers moments de bonheur et d'effusion, la fée dit :

« Maintenant, Henri, tu peux faire usage des présents du petit Vieillard et du Géant de la montagne. »

Henri tira sa tabatière et l'ouvrit; aussitôt il en sortit une si grande foule de petits ouvriers, pas plus grands qu'une abeille, que la chambre en fut remplie; ils se mirent à travailler avec une telle adresse et une telle promptitude, qu'en un quart d'heure ils bâtirent et meublèrent une jolie maison qui se trouva au milieu d'un grand jardin, adossée à un bois et à une belle prairie.

« Tout cela est à toi, mon brave Henri, dit la fée. Le chardon du Géant te procurera ce qui te manque, le bâton du Loup te transportera où tu voudras, et la griffe du Chat te conservera la santé et la jeunesse, ainsi qu'à ta maman. Adieu, Henri, vis heureux et n'oublie pas que la vertu et l'amour filial sont toujours récompensés. »

Henri se jeta aux genoux de la fée ; elle lui donna sa main à baiser, lui sourit et disparut.

La maman de Henri aurait bien voulu se lever pour voir et admirer sa nouvelle maison, son jardin, son bois et sa prairie, mais elle n'avait pas de robe ; pendant sa maladie elle avait fait vendre par Henri tout ce qu'elle possédait, pour que Henri ne manquât pas de pain.

« Hélas ! mon enfant, je ne puis me lever, dit-elle : je n'ai ni jupons, ni robes, ni souliers.

— Vous allez avoir tout cela, chère maman », s'écria Henri.

Et tirant son chardon de sa poche, il le sentit en désirant des robes, du linge, des chaussures pour sa maman, pour lui-même, et du linge pour la maison.

Au même instant, les armoires se trouvèrent pleines de linge, la maman se trouva habillée d'une bonne robe de mérinos, et Henri d'un vêtement complet de drap bleu ; il avait de bons souliers, ainsi que sa maman. Tous deux poussèrent un cri de joie ; la maman sauta de son lit pour parcourir avec Henri toute la maison ; rien n'y manquait, partout des meubles confortables et simples ; la cuisine était garnie de casseroles et de marmites ; mais il n'y avait rien dedans Henri sentit son chardon en désirant avoir un bon dîner tout servi. Une table servie et couverte d'une bonne soupe bien fumante, d'un bon gigot, d'un poulet rôti, d'une bonne salade, se plaça immédiatement devant eux ; ils se mirent à table et mangèrent avec l'appétit de gens qui n'avaient pas mangé depuis près de trois ans. La soupe fut bien vite avalée ; le gigot y passa tout entier, puis le poulet, puis la salade. Quand ils furent rassasiés, la maman, aidée de Henri, ôta le couvert, lava et rangea la vaisselle, nettoya la cuisine. Puis ils firent les lits avec les draps qu'ils trouvèrent dans les armoires, et se couchèrent en remerciant Dieu et la fée Bienfaisante. La maman y ajouta un remercîment sincère pour son fils Henri. Ils vécurent ainsi très heureux, sans jamais manquer de rien, grâce au chardon, sans souffrir ni vieillir, grâce à la griffe, et sans jamais se servir du bâton, car ils étaient heureux dans leur maison et ils ne désiraient pas se transporter ailleurs.

Henri se borna à demander à son chardon deux belles vaches, deux bons chevaux et les choses nécessaires à la vie de chaque jour, mais sans jamais demander du superflu, soit en vêtements, soit en nourriture : aussi conserva-t-il son chardon tant qu'il vécut. On ne sait pas s'il vécut longtemps ainsi que sa maman ; on croit que la reine des fées les rendit immortels et les transporta dans son palais, où ils sont encore.

HISTOIRE
DE LA PRINCESSE ROSETTE

I

LA FERME

Il y avait un roi et une reine qui avaient trois filles; ils aimaient beaucoup les deux aînées, qui s'appelaient Orangine et Roussette, et qui étaient jumelles; elles étaient belles et spirituelles; mais pas bonnes : elles ressemblaient en cela au roi et à la reine. La plus jeune des princesses, qui avait trois ans de moins que ses sœurs, s'appelait Rosette; elle était aussi jolie qu'aimable, aussi bonne que belle; elle avait pour marraine la fée Puissante, ce qui donnait de la jalousie à Orangine et à Roussette, lesquelles n'avaient pas eu de fées pour marraines. Quelques jours après la naissance de Rosette, le roi et la reine l'envoyèrent en nourrice à la campagne, chez une bonne fermière; elle y vécut très heureuse pendant quinze années, sans que le roi et la reine vinssent la voir une seule fois.

Ils envoyaient tous les ans à la fermière une petite somme d'argent, pour payer la dépense de Rosette, faisaient demander de ses nouvelles, mais ne la faisaient jamais venir chez eux et ne s'occupaient pas du tout de son éducation. Rosette eût été mal élevée et ignorante, si sa bonne marraine la fée Puissante ne lui avait envoyé des maîtres et ne lui avait fourni tout ce qui lui était nécessaire. C'est ainsi que Rosette apprit à lire, à écrire, à compter, à travailler; c'est ainsi qu'elle devint très habile musicienne, qu'elle sut dessiner et parler plusieurs langues étrangères. Rosette était la plus jolie, la plus belle, la plus aimable et la plus excellente princesse du monde entier. Jamais Rosette n'avait désobéi à sa nourrice et à sa marraine. Aussi jamais elle n'était grondée; elle ne regrettait pas son père et sa mère, qu'elle ne connaissait pas, et elle ne désirait pas vivre ailleurs que dans la ferme où elle avait été élevée.

Un jour qu'elle était assise sur un banc devant la maison, elle vit arriver un homme en habit et chapeau galonnés, qui, s'approchant d'elle, lui demanda s'il pouvait parler à la princesse Rosette.

« Oui, sans doute, répondit Rosette, car c'est moi qui suis la princesse Rosette.

— Alors, princesse, reprit l'homme en ôtant son chapeau, veuillez recevoir cette lettre que le roi votre père m'a chargé de vous remettre. »

Rosette prit la lettre, l'ouvrit et lut ce qui suit :

« Rosette, vos sœurs ont dix-huit ans; elles

Elle vit un homme en habit et chapeau galonnés.

sont en âge d'être mariées ; j'invite les princes et les princesses de tous les royaumes du monde à venir assister aux fêtes que je dois donner pour choisir des maris à vos sœurs. Vous avez quinze ans, vous êtes d'âge à paraître à ces fêtes. Vous pouvez venir passer trois jours chez moi. Je vous enverrai chercher dans huit jours ; je ne vous envoie pas d'argent pour vos toilettes, car j'ai beaucoup dépensé pour vos sœurs : d'ailleurs, personne ne vous regardera ; ainsi habillez-vous comme vous voudrez.

« Le Roi, votre père. »

Rosette courut bien vite montrer la lettre à sa nourrice.

« Es-tu contente, Rosette, d'aller à ces fêtes ?

— Oh oui ! ma bonne nourrice, bien contente : je m'amuserai bien ; je connaîtrai mon père, ma mère, mes sœurs, et puis je reviendrai près de toi.

— Mais, dit la nourrice en hochant la tête, quelle toilette mettras-tu, ma pauvre enfant ?

— Ma belle robe de percale blanche que je mets les jours de fête, ma bonne nourrice.

— Ma pauvre petite, cette robe, convenable pour la campagne, sera bien misérable pour une réunion de rois et de princes.

— Eh ! qu'importe, ma bonne ! Mon père dit lui-même que personne ne me regardera. Cela me mettra beaucoup plus à l'aise : je verrai tout, et personne ne me verra. »

La nourrice soupira, ne répondit rien et se mit à raccommoder, à blanchir et à repasser la robe de Rosette. La veille du jour où l'on devait venir la chercher, elle l'appela et lui dit :

« Voici, ma chère enfant, ta toilette pour les fêtes du roi ; ménage bien ta robe, car tu n'en as pas d'autre, et je ne serai pas là pour la blanchir ou la repasser.

— Merci, ma bonne nourrice ; sois tranquille, j'y ferai bien attention. »

La nourrice réunit dans une petite caisse la robe, un jupon blanc, des bas de coton, des souliers de peau noire et un petit bouquet de fleurs que Rosette devait mettre dans ses cheveux. Au moment où elle allait fermer la caisse, la fenêtre s'ouvrit violemment, et la fée Puissante entra.

« Tu vas donc à la cour du roi ton père, ma chère Rosette ? dit la fée.

— Oui, chère marraine, j'y vais pour trois jours.

— Et quelles toilettes as-tu préparées pour ces trois jours ?

— Voici, ma marraine ; regardez. »

Et elle montra la caisse encore ouverte. La fée sourit, tira un flacon de sa poche, et dit : « Je veux que ma Rosette fasse sensation par sa toilette : ceci n'est pas digne d'elle. »

Elle ouvrit le flacon et versa une goutte de liqueur sur sa robe ; immédiatement la robe devint jaune, chiffonnée, et se changea en grosse toile à torchons. Une autre goutte sur les bas en fit de gros bas de filoselle bleus. Une troisième goutte sur le bouquet en fit une aile de poule ; les souliers devinrent de gros chaussons de lisière.

« Voilà, dit-elle d'un air gracieux, comment je veux que paraisse ma Rosette. Je veux que tu mettes tout cela, Rosette, et, pour compléter ta parure, voici un collier, une attache pour ta coiffure et des bracelets. »

En disant ces mots, elle tira de sa poche et mit dans la caisse un collier de noisettes, une attache de nèfles et des bracelets en haricots secs.

Elle baisa le front de Rosette stupéfaite et disparut.

Rosette et la nourrice se regardaient ébahies ; enfin, la nourrice éclata en sanglots.

« C'était bien la peine de me donner tant de mal pour cette pauvre robe ! le premier torchon venu aurait aussi bien fait l'affaire. Oh ! Rosette, ma pauvre Rosette, n'allez pas aux fêtes ; prétextez une maladie.

— Non, dit Rosette, ce serait désobligeant pour ma marraine : je suis sûre que ce qu'elle fait est pour mon bien, car elle est bien plus sage que moi. J'irai donc, et je mettrai tout ce que ma marraine m'a laissé. »

Et la bonne Rosette ne s'occupa pas davantage de sa toilette : elle se coucha et dormit bien tranquillement.

Le lendemain, à peine était-elle coiffée et habillée, que le carrosse du roi vint la prendre ; elle embrassa sa nourrice, fit mettre sa petite caisse dans la voiture et partit.

II

ROSETTE A LA COUR DU ROI SON PÈRE
PREMIÈRE JOURNÉE

On ne fut que deux heures en route, car la ville du roi n'était qu'à six lieues de la ferme de Rosette.

Quand Rosette arriva, elle fut étonnée de voir qu'on la faisait descendre dans une petite cour sale : un page l'attendait.

« Venez, princesse ; je suis chargé de vous conduire dans votre appartement.

— Ne pourrai-je voir la reine? demanda timidement Rosette.

— Vous la verrez, princesse, dans deux heures, quand on se réunira pour dîner : en attendant, vous pourrez faire votre toilette. »

Rosette suivit le page, qui la mena dans un long corridor, au bout duquel était un escalier; elle monta, monta longtemps, avant d'arriver à un autre corridor où était la chambre qui lui était destinée. C'était une petite chambre en mansarde, à peine meublée : la reine avait logé Rosette dans une chambre de servante. Le page déposa la caisse de Rosette dans un coin, et lui dit d'un air embarrassé :

« Veuillez m'excuser, princesse, si je vous ai

amenée dans cette chambre si indigne de vous. La reine a disposé de tous ses appartements pour les rois et les reines invités; il ne lui en restait plus, et....

— Bien, bien, dit Rosette en souriant; je ne vous en veux nullement de mon logement; je m'y trouverai très bien.

— Je viendrai vous chercher, princesse, pour vous mener chez le roi et la reine, quand l'heure sera venue.

— Je serai prête, dit Rosette; au revoir, joli page. »

Rosette se mit à défaire sa caisse; elle avait le cœur un peu gros; elle tira en soupirant sa sale robe en toile à torchons et le reste de sa toilette, et elle commença à se coiffer devant un morceau de glace qu'elle trouva dans un coin de la chambre. Elle était si adroite, elle arrangea si bien ses beaux cheveux blonds, son aile de poule et l'attache faite de nèfles, que sa coiffure la rendait dix fois plus jolie. Quand elle fut chaussée et qu'elle eut revêtu sa robe, quelle ne fut pas sa surprise en voyant que sa robe était devenue une robe de brocart d'or brodée de rubis d'une beauté merveilleuse! Ses gros chaussons étaient de petits souliers en satin blanc rattachés par une boucle d'un seul rubis d'une beauté idéale; les bas étaient en soie, et si fins qu'on pouvait les croire tissus en fil d'araignée. Son collier était en rubis entourés de gros diamants; ses bracelets étaient en diamants les plus beaux qu'on eût jamais vus; elle courut à sa glace, et vit que l'aile de poule était devenue une aigrette magnifique et que l'attache en nèfles était une escarboucle d'une telle beauté, d'un tel éclat, qu'une fée seule pouvait en avoir d'aussi belles.

Rosette, heureuse, ravie, sautait dans sa petite chambre et remerciait tout haut sa bonne marraine, qui avait voulu éprouver son obéissance et qui la récompensait si magnifiquement.

Le page frappa à la porte, entra et recula ébloui par la beauté de Rosette et la richesse de sa parure.

Elle le suivit; il lui fit descendre bien des escaliers, parcourir bien des appartements, et enfin il la fit entrer dans une série de salons magnifiques qui étaient pleins de rois, de princes et de dames.

Chacun s'arrêtait et se retournait pour admirer Rosette, qui, honteuse d'attirer ainsi tous les regards, n'osait lever les yeux.

Enfin le page s'arrêta et dit à Rosette :

« Princesse, voici le roi et la reine. »

Elle leva les yeux et vit devant elle le roi et la reine, qui la regardaient avec une surprise comique.

« Madame, lui dit enfin le roi, veuillez me dire quel est votre nom. Vous êtes sans doute une grande reine ou une grande fée, dont la présence inattendue est pour nous un honneur et un bonheur.

— Sire, dit Rosette en mettant un genou en terre, je ne suis ni une fée, ni une grande reine, mais votre fille Rosette, que vous avez bien voulu faire venir chez vous.

— Rosette! s'écria la reine; Rosette vêtue plus richement que je ne l'ai jamais été! Et qui donc, Mademoiselle, vous a donné toutes ces belles choses?

— C'est ma marraine, Madame. » Et elle ajouta : « Permettez-moi, Madame, de vous baiser la main, et faites-moi connaître mes sœurs. »

La reine lui présenta sèchement sa main.

« Voilà les princesses vos sœurs », dit-elle en lui montrant Orangine et Roussette qui étaient à ses côtés.

La pauvre Rosette, attristée par l'accueil froid de son père et de sa mère, se retourna vers ses sœurs et voulut les embrasser; mais elles se reculèrent avec effroi, de crainte que Rosette, en les embrassant, n'enlevât le blanc et le rouge dont elles étaient fardées. Orangine mettait du blanc pour cacher la couleur un peu jaune de sa peau, et Roussette pour couvrir ses taches de rousseur.

Rosette, repoussée par ses sœurs, ne tarda pas à être entourée de toutes les dames et de tous les princes invités. Comme elle causait avec grâce et bonté et qu'elle parlait diverses langues, elle charma tous ceux qui l'approchaient. Orangine et Roussette étaient d'une jalousie affreuse. Le roi et la reine étaient furieux, car Rosette absorbait toute l'attention; personne ne s'occupait de ses sœurs. A table, le jeune roi Charmant, qui avait le plus beau et le plus grand de tous les royaumes, et qu'Orangine espérait épouser, se plaça à côté de Rosette et fut occupé d'elle pendant tout le repas. Après le dîner, pour forcer les regards de se tourner vers elles, Orangine et Roussette proposèrent de chanter; elles chantaient très bien et s'accompagnaient de la harpe.

Rosette, qui était bonne et qui désirait que ses sœurs l'aimassent, applaudit tant qu'elle put le chant de ses sœurs et vanta leur talent. Orangine, au lieu d'être touchée de ce généreux sentiment, espéra jouer un mauvais tour à Rosette en l'engageant à chanter à son tour. Rosette s'en défendit modestement; ses sœurs, qui pensèrent qu'elle ne savait pas chanter, insistèrent vivement; la reine elle-même, désirant humilier la pauvre Rosette, se joignit à Orangine et à Roussette et lui ordonna de chanter. Rosette fit un salut à la reine. « J'obéis », dit-elle. Elle prit la harpe; la grâce de son maintien étonna ses sœurs. Quand elle commença à préluder sur la harpe, elles auraient bien voulu l'arrêter, car elles virent que le talent de Rosette était bien supérieur au leur. Mais quand elle chanta de sa voix belle et mélodieuse une romance composée par elle sur le bonheur d'être bonne et d'être aimée de sa famille, il y eut un tel frémissement d'admiration, un enthousiasme si général, que ses sœurs faillirent s'évanouir de dépit. Le roi Charmant semblait transporté d'admiration. Il s'approcha de Rosette, les yeux mouillés de larmes, et lui dit :

« Charmante et aimable princesse, jamais une

Sa voix, douce et mélodieuse, excita un enthousiasme général.

voix plus douce n'a frappé mes oreilles; je serais heureux de vous entendre encore. »

Rosette, qui s'était aperçue de la jalousie de ses sœurs, s'excusa en disant qu'elle était fatiguée, mais le roi Charmant, qui avait de l'esprit et de la pénétration, devina le vrai motif du refus de Rosette et l'en admira davantage.

La reine, irritée des succès de Rosette, termina de bonne heure la soirée; chacun rentra chez soi.

Rosette se déshabilla; elle ôta sa robe et le reste de sa parure, et mit le tout dans une magnifique caisse en ébène, qui se trouva dans sa chambre sans qu'elle sût comment; elle retrouva dans sa caisse de bois la robe en torchon, l'aile de poule, les noisettes, les nèfles, les haricots, les chaussons et les bas bleus; elle ne s'en inquiéta plus, certaine que sa marraine viendrait à son secours. Elle s'attrista un peu de la froideur de ses parents, de la jalousie de ses sœurs; mais comme elle les connaissait bien peu, cette impression pénible fut effacée par le souvenir du roi Charmant, qui paraissait si bon et qui avait été si aimable pour elle : elle s'endormit promptement, et s'éveilla tard le lendemain.

III

CONSEIL DE FAMILLE

Pendant que Rosette n'était occupée que de pensées riantes et bienveillantes, le roi, la reine et les princesses Orangine et Roussette étouffaient de colère; ils s'étaient réunis tous quatre chez la reine.

« C'est affreux, disaient les princesses, d'avoir fait venir cette odieuse Rosette, qui a des parures éblouissantes, qui se fait regarder et admirer par tous les nigauds de rois et de princes. Est-ce donc pour nous humilier, mon père, que vous l'avez appelée?

— Je vous jure, mes belles, répondit le roi, que c'est par ordre de la fée Puissante que je lui ai écrit de venir; d'ailleurs j'ignorais qu'elle fût si belle et que....

— Si belle! interrompirent les princesses; où voyez-vous qu'elle soit belle? Elle est laide et bête; c'est sa toilette qui la fait admirer. Pourquoi ne nous avez-vous pas donné vos plus belles pierreries et vos plus belles étoffes? Nous avons l'air de souillons, près de cette orgueilleuse.

— Et où aurais-je pris des pierreries de cette beauté? Je n'en ai pas qui puissent leur être comparées. C'est sa marraine, la fée, qui lui a prêté les siennes.

— Pourquoi aussi avoir appelé une fée pour être marraine de Rosette, tandis que nous n'avions eu que des reines pour marraines?

— Ce n'est pas votre père qui l'a appelée, reprit la reine; c'est bien la fée elle-même qui, sans être appelée, nous apparut et nous signifia qu'elle voulait être marraine de Rosette.

— Il ne s'agit pas de se quereller, dit le roi,

mais de trouver un moyen pour nous débarrasser de Rosette et empêcher le roi Charmant de la revoir.

— Rien de plus facile, dit la reine ; je la ferai dépouiller demain de ses bijoux et de ses belles robes ; je la ferai emmener par mes gens, et on la ramènera à sa ferme, d'où elle ne sortira plus jamais. »

A peine la reine eut-elle achevé ces mots, que la fée Puissante parut, l'air menaçant et irrité.

« Si vous touchez à Rosette, dit-elle d'une voix tonnante, si vous ne la gardez ici, et si vous ne la faites assister à toutes les fêtes, vous ressentirez les effets de ma colère. Vous, roi indigne, vous, reine sans cœur, vous serez changés en crapauds, et vous, filles et sœurs détestables, vous deviendrez des vipères. Osez maintenant toucher à Rosette ! »

En disant ces paroles, elle disparut.

Le roi, la reine et les princesses, terrifiés, se séparèrent sans oser prononcer une parole, mais la rage dans le cœur ; les princesses dormirent peu, et furent encore plus furieuses le lendemain, quand elles virent leurs yeux battus, leurs traits contractés par la méchanceté ; elles eurent beau mettre du rouge, du blanc, battre leurs femmes, elles n'en furent pas plus jolies. Le roi et la reine se désolaient autant que les princesses, et ne voyaient pas de remède à leur chagrin.

IV

SECONDE JOURNÉE

Une grosse servante apporta à Rosette du pain et du lait, et lui offrit ses services pour l'habiller. Rosette, qui ne se souciait pas que la grosse servante vît la métamorphose de sa toilette, la remercia et dit qu'elle avait l'habitude de s'habiller et de se coiffer seule.

Elle commença sa toilette ; quand elle se fut bien lavée, bien peignée, elle se coiffa et voulut mettre dans ses cheveux la superbe escarboucle de la veille ; mais elle vit avec surprise que le coffre d'ébène avait disparu. A sa place était la petite caisse de bois, avec un papier dessus ; elle le prit et lut :

« Vos effets sont chez vous, Rosette ; revêtez comme hier les vêtements que vous avez apportés de la ferme. »

Rosette n'hésita pas, certaine que sa marraine viendrait à son secours ; elle arrangea son aile de poule d'une manière différente de la veille, ainsi que l'attache en nèfles, mit sa robe, sa chaussure, son collier et ses bracelets ; ensuite elle alla se poser devant la glace ; quand elle s'y regarda, elle demeura éblouie ; elle avait le plus ravissant et le plus riche costume de cheval : la robe était une amazone en velours bleu de ciel, avec des boutons de perles grosses comme des noix; le bas était bordé d'une torsade de perles grosses comme des noisettes; elle était coiffée d'une petite toque en velours bleu de ciel, avec une plume d'une blancheur éblouissante, qui retombait jusqu'à sa taille et qui était rattachée par une perle d'une grosseur et d'une beauté inouïes. Les brodequins étaient également en velours bleu, brodés de perles et d'or. Les bracelets et le collier étaient en perles si belles, qu'une seule eût payé tout le palais du roi. Au moment où elle allait quitter sa chambre pour suivre le page qui frappait à la porte, une voix dit à son oreille :

« Rosette, ne montez pas d'autre cheval que celui que vous présentera le roi Charmant. »

Elle se retourna, ne vit personne, et ne douta pas que cet avis ne lui vînt de sa marraine.

« Merci, chère marraine », dit-elle à demi-voix.

Elle sentit un doux baiser sur sa joue, et sourit avec bonheur et reconnaissance.

Le page la mena, comme la veille, dans les salons, où elle produisit plus d'effet encore; son air doux et bon, sa ravissante figure, sa tournure élégante, sa toilette magnifique, captivèrent tous les regards et tous les cœurs. Le roi Charmant, qui l'attendait, alla au-devant d'elle, lui offrit son bras et la mena jusque près du roi et de la reine, qui la reçurent avec plus de froideur encore que la veille. Orangine et Roussette crevaient de dépit à la vue de la nouvelle toilette de Rosette, elles ne voulurent même pas lui dire bonjour.

Rosette restait un peu embarrassée de cet accueil; le roi Charmant, voyant son embarras, s'approcha d'elle et lui demanda la permission d'être son chevalier pendant la chasse dans la forêt.

« Ce sera un grand plaisir pour moi, sire, répondit Rosette, qui ne savait pas dissimuler.

— Il me semble, dit-il, que je suis votre frère, tant je me sens d'affection pour vous, charmante princesse : permettez-moi de ne pas vous quitter et de vous défendre envers et contre tous.

— Ce sera pour moi un honneur et un plaisir que d'être en compagnie d'un roi si digne du nom qu'il porte. »

Le roi Charmant fut ravi de cette réponse; et, malgré le dépit d'Orangine et de Roussette et leurs tentatives pour l'attirer vers elles, il ne bougea plus d'auprès de Rosette.

Après le déjeuner, on descendit dans la cour d'honneur pour monter à cheval. Un page amena à Rosette un beau cheval noir, que deux écuyers contenaient avec peine, et qui semblait vicieux et méchant.

« Vous ne pouvez monter ce cheval, princesse, dit le roi Charmant, il vous tuerait. Amenez-en un autre, ajouta-t-il en se tournant vers le page.

— Le roi et la reine ont donné des ordres pour que la princesse ne montât pas d'autre cheval que celui-ci, répondit le page.

— Chère princesse, veuillez attendre un moment, je vais vous amener un cheval digne de vous porter; mais, de grâce, ne montez pas celui-ci.

— Je vous attendrai, sire », dit Rosette avec un gracieux sourire.

Peu d'instants après, le roi Charmant reparut, menant lui-même un magnifique cheval, blanc comme la neige ; sa selle était en velours bleu, brodée de perles ; sa bride était en or et en perles. Quand Rosette voulut monter dessus, le cheval s'agenouilla, et ne se releva que lorsque Rosette fut bien placée sur sa selle.

Le roi Charmant sauta lestement sur son beau cheval alezan, et vint se placer aux côtés de Rosette.

Le roi, la reine et les princesses, qui avaient tout vu, étaient pâles de colère, mais ils n'osèrent rien faire, de peur de la fée Puissante.

Le roi donna le signal du départ. Chaque dame avait son cavalier ; Orangine et Roussette durent se contenter de deux petits princes, qui n'étaient ni beaux ni aimables comme le roi Charmant ; elles furent si maussades, que ces princes jurèrent que jamais ils n'épouseraient des princesses si peu aimables.

Au lieu de suivre la chasse, le roi Charmant et Rosette restèrent dans les belles allées de la forêt ; ils causaient et se racontaient leur vie.

« Mais, dit Charmant, si le roi votre père s'est privé de votre présence, comment vous a-t-il donné ses plus beaux bijoux, des bijoux dignes d'une fée ?

— C'est à ma bonne marraine que je les dois », répondit Rosette ; et elle raconta au roi comme quoi elle avait été élevée dans une ferme, comme quoi elle devait tout ce qu'elle savait et tout ce qu'elle valait à la fée Puissante, qui avait veillé à son éducation et qui lui donnait tout ce qu'elle pouvait désirer.

Charmant l'écoutait avec un vif intérêt et une tendre compassion.

A son tour, il lui raconta qu'il était resté orphelin dès l'âge de sept ans, que la fée Prudente avait présidé à son éducation, que c'était elle qui l'avait envoyé aux fêtes que donnait le roi, en lui disant qu'il trouverait à ces fêtes la femme parfaite qu'il cherchait.

« Je crois, en effet, chère Rosette, avoir trouvé en vous la femme parfaite dont me parlait la fée : daignez associer votre vie à la mienne, et autorisez-moi à vous demander à vos parents.

— Avant de vous répondre, cher prince, il faut que j'obtienne la permission de ma marraine; mais croyez que je serais bien heureuse de passer ma vie près de vous. »

La matinée s'écoula ainsi fort agréablement pour Rosette et Charmant. Ils revinrent au palais faire leur toilette pour le dîner.

Rosette monta dans sa laide mansarde; en y entrant, elle vit un magnifique coffre en bois de rose qui était ouvert et vide; elle se déshabilla, et à mesure qu'elle ôta ses effets, ils allaient se ranger d'eux-mêmes dans le coffre, qui se referma quand tout fut placé.

Elle se recoiffa et se rhabilla encore avec soin,

Le roi Charmant et la princesse restèrent
dans les allées de la forêt. (Prge 127.)

et, quand elle courut à sa glace, elle ne put retenir un cri d'admiration. Sa robe était en gaze qui semblait faite d'ailes de papillons, tant elle était fine, légère et brillante; elle était parsemée de diamants qui brillaient comme des étincelles; le bas de la robe, le corsage et la taille étaient garnis de franges de diamants éclatants comme des soleils. Sa tête était à moitié couverte d'une résille de diamants terminée par de gros glands de diamants qui tombaient jusque sur son cou; chaque diamant était gros comme une poire et valait un royaume. Son collier, ses bracelets étaient en diamants si gros et si étincelants, qu'ils faisaient mal aux yeux lorsqu'on les regardait fixement.

Rosette remercia tendrement sa marraine, et sentit encore sur sa joue le doux baiser du matin. Elle suivit le page, entra dans les salons; le roi Charmant l'attendait à la porte, lui offrit son bras, la mena jusqu'au salon où étaient le roi et la reine. Rosette alla les saluer; Charmant vit avec indignation les regards furieux que jetaient à la pauvre Rosette le roi, la reine et les princesses. Comme le matin, il resta près d'elle, et fut témoin de l'admiration qu'inspirait Rosette et du dépit de ses sœurs. Rosette était triste de se voir l'objet de la haine de son père, de sa mère, de ses sœurs. Charmant s'aperçut de sa tristesse et lui en demanda la cause; elle la lui dit franchement.

« Quand donc, chère Rosette, me permettrez-vous de vous demander à votre père? Dans mon royaume, tout le monde vous aimera, et moi plus que tous les autres.

— Demain, cher prince, je vous transmettrai la réponse de ma marraine, que j'interrogerai à ce sujet. »

On alla dîner; Charmant se plaça près de Rosette, qui causa de la manière la plus agréable.

Après dîner, le roi donna des ordres pour que le bal commençât. Orangine et Roussette, qui prenaient des leçons de danse depuis dix ans, dansèrent très bien, mais sans grâce; elles savaient que Rosette n'avait jamais eu occasion de danser, de sorte qu'elles annoncèrent d'un air moqueur que c'était au tour de Rosette. La modeste Rosette s'en défendit vivement, parce qu'il lui répugnait de se montrer en public et d'attirer les regards; mais plus elle se défendait et plus les envieuses sœurs insistaient, espérant qu'elle allait enfin avoir l'humiliation d'un échec. La reine mit fin au débat, en commandant impérieusement à Rosette d'exécuter la danse de ses sœurs.

Rosette se mit en devoir d'obéir à la reine; Charmant, voyant son embarras, lui dit :

« Je serai votre cavalier, chère Rosette; quand vous ne saurez pas un pas, laissez-moi l'exécuter seul.

— Merci, cher prince, je reconnais là votre bonté. Je vous accepte avec joie pour cavalier, et j'espère que je ne vous ferai pas rougir. »

Rosette et Charmant commencèrent; jamais on n'avait vu une danse plus gracieuse, plus vive,

Chacun les regardait avec une admiration croissante. (Page 135.)

plus légère; chacun les regardait avec une admiration croissante. C'était tellement supérieur à la danse d'Orangine et de Roussette, que celles-ci, ne pouvant plus contenir leur fureur, voulurent s'élancer sur Rosette pour la souffleter et lui arracher ses diamants; le roi et la reine, qui ne les perdaient pas de vue et qui devinèrent leurs intentions, les arrêtèrent et leur dirent à l'oreille :

« Prenez garde à la fée Puissante; patience, demain sera le dernier jour. »

Quand la danse fut terminée, les applaudissements éclatèrent de toute part, et chacun demanda avec instance à Rosette et Charmant de recommencer. Comme ils n'étaient pas fatigués, ils ne voulurent pas se faire prier, et exécutèrent une danse nouvelle plus gracieuse et plus légère encore que la précédente. Pour le coup, Orangine et Roussette n'y tinrent plus; la colère les suffoquait; elles s'évanouirent; on les emporta sans connaissance. Leurs visages étaient tellement enlaidis par la colère et l'envie, qu'elles n'étaient plus jolies du tout; personne ne les plaignait, parce que tout le monde voyait leur jalousie et leur méchanceté. Les applaudissements et l'enthousiasme pour Rosette devinrent si bruyants, que pour s'y soustraire elle se réfugia dans le jardin, où Charmant la suivit; ils se promenèrent le reste de la soirée et s'entretinrent de leurs projets d'avenir, si la fée Puissante permettait à Rosette d'unir sa vie à celle de Charmant. Les diamants de Rosette brillaient d'un tel éclat que les allées où ils marchaient, les bosquets où ils s'asseyaient, semblaient éclairés par mille étoiles.

Il fallut enfin se séparer.

« A demain! dit Charmant; j'espère demain pouvoir dire : A toujours! »

Rosette monta dans sa chambre; quand elle fut déshabillée, sa riche parure alla se ranger dans un coffre plus beau que les précédents : il était en ivoire sculpté, garni de clous en turquoises. Quand Rosette fut déshabillée et couchée, elle éteignit sa bougie et dit à mi-voix :

« Ma chère, ma bonne marraine, que dois-je répondre demain au roi Charmant? Dictez ma réponse, chère marraine; quoi que vous m'ordonniez, je vous obéirai.

— Dites oui, ma chère Rosette, répondit la voix douce de la fée; c'est moi qui ai arrangé ce mariage; c'est pour vous faire connaître le roi Charmant que j'ai forcé votre père à vous faire assister à ces fêtes. »

Rosette remercia la bonne fée, et s'endormit après avoir senti sur ses deux joues le baiser maternel de sa protectrice.

V

TROISIÈME ET DERNIÈRE JOURNÉE

Pendant que Rosette dormait paisiblement, le roi, la reine, Orangine et Roussette rugissaient de colère, se querellaient, s'accusaient réciproquement des succès de Rosette et de leur propre humiliation. Un dernier espoir leur restait. Le lendemain, devait avoir lieu une course en chars. Chaque char, attelé de deux chevaux, devait être conduit par une dame. On résolut de donner à Rosette un char très élevé et versant, attelé de deux jeunes chevaux fougueux et non dressés.

« Le roi Charmant n'aura pas, dit la reine, un char et des chevaux de rechange comme le cheval de selle de ce matin : il lui était facile de prendre un des siens ; mais il ne pourra pas trouver un char tout attelé. »

La consolante pensée que Rosette pouvait être tuée ou grièvement blessée et défigurée le lendemain, ramena la paix entre ces quatre méchantes personnes ; elles allèrent se coucher, rêvant aux meilleurs moyens de se débarrasser de Rosette, si la course en chars ne suffisait pas.

Orangine et Roussette dormirent peu, de sorte qu'elles étaient encore plus laides et plus défaites que la veille.

Rosette, qui avait la conscience tranquille et le cœur content, reposa paisiblement toute la nuit ; elle avait été fatiguée de sa journée et elle dormit tard dans la matinée.

Quand elle s'éveilla, elle avait à peine le temps de faire sa toilette. La grosse fille de basse-cour lui apporta sa tasse de lait et son morceau de pain bis. C'étaient les ordres de la reine, qui voulait qu'elle fût traitée comme une servante. Rosette n'était pas difficile ; elle mangea son pain grossier et son lait avec appétit, et commença sa toilette.

Le coffre d'ivoire avait disparu ; elle mit, comme les jours précédents, sa robe de torchon, son aile de poule et les accessoires, et alla se regarder dans la glace.

Elle avait un costume d'amazone en satin paille brodé devant et au bas de saphirs et d'émeraudes. Sa toque était en velours blanc, ornée de plumes de mille couleurs empruntées aux oiseaux les plus rares et rattachées par un saphir gros comme un œuf. Elle avait au cou une chaîne de montre en saphirs admirables, au bout de laquelle était une montre dont le cadran était une opale, le dessus un seul saphir taillé, et le verre un diamant. Cette montre allait toujours, ne se dérangeait jamais et n'avait jamais besoin d'être remontée.

Rosette entendit frapper à sa porte et suivit le page.

En entrant dans le salon, elle aperçut le roi Charmant, qui l'attendait avec une vive impatience ; il se précipita au-devant de Rosette, lui offrit son bras et dit avec empressement :

« Eh bien, chère princesse, que vous a dit la fée ? Quelle réponse me donnerez-vous ?

— Celle que me dictait mon cœur, cher prince ; je vous consacrerai ma vie comme vous me donnez la vôtre.

— Merci, cent fois merci, chère, charmante Rosette. Quand puis-je vous demander à votre père ?

— Au retour de la course aux chars, cher prince.

— Me permettrez-vous d'ajouter à ma demande celle de conclure notre mariage aujourd'hui même? car j'ai hâte de vous soustraire à la tyrannie de votre famille, et de vous emmener dans mon royaume. »

Rosette hésitait; la voix de la fée dit à son oreille : « Acceptez ». La même voix dit à l'oreille de Charmant : « Pressez le mariage, prince, et parlez au roi sans retard. La vie de Rosette est menacée, et je ne pourrai pas veiller sur elle pendant huit jours à partir de ce soir au coucher du soleil. »

Charmant tressaillit et dit à Rosette ce qu'il venait d'entendre. Rosette répondit que c'était un avertissement qu'il ne fallait pas négliger, car il venait certainement de la fée Puissante.

Elle alla saluer le roi, la reine, ses sœurs; aucun ne lui parla ni ne la regarda. Elle fut immédiatement entourée d'une foule de princes et de rois qui tous se proposaient de la demander en mariage le soir même; mais aucun n'osa lui en parler, à cause de Charmant qui ne la quittait pas.

Après le repas, on descendit pour prendre les chars; les hommes devaient monter à cheval, et les femmes conduire les chars.

On amena pour Rosette celui désigné par la reine. Charmant saisit Rosette au moment où elle sautait dans le char et la déposa à terre.

« Vous ne monterez pas dans ce char, princesse; regardez les chevaux. »

Rosette vit alors que chacun des chevaux était contenu par quatre hommes et qu'ils piaffaient et sautaient avec fureur.

Au même instant, un joli petit jockey, vêtu d'une veste de satin paille avec des nœuds bleus, cria d'une voix argentine :

« L'équipage de la princesse Rosette. »

Et on vit approcher un petit char de perles et de nacre, attelé de deux magnifiques chevaux blancs, dont les harnais étaient en velours paille orné de saphirs.

Charmant ne savait s'il devait laisser Rosette monter dans un char inconnu ; il craignait encore quelque scélératesse du roi et de la reine. La voix de la fée dit à son oreille :

« Laissez monter Rosette ; ce char et ces chevaux sont un présent de moi. Suivez-la partout où la mènera son équipage. La journée s'avance, je n'ai que quelques heures à donner à Rosette ; il faut qu'elle soit dans votre royaume avant ce soir. »

Charmant aida Rosette à monter dans le char et sauta sur son cheval. Tous les chars partirent ; celui de Rosette partit aussi : Charmant ne le quittait pas d'un pas. Au bout de quelques instants, deux chars montés par des femmes voilées cherchèrent à devancer celui de Rosette ; l'un d'eux se précipita avec une telle force contre celui de Rosette qu'il l'eût inévitablement mis en pièces, si ce char n'eût pas été fabriqué par les fées : ce fut donc le char lourd et massif qui fut brisé ; la femme voilée

« Vous ne monterez pas dans celui-ci, princesse. (Page 139.)

fut lancée sur des pierres, où elle resta étendue sans mouvement. Pendant que Rosette, qui avait reconnu Orangine, cherchait à arrêter ses chevaux, l'autre char s'élança sur celui de Rosette et l'accrocha avec la même violence que le premier; il éprouva aussi le même sort : il fut brisé, et la femme voilée lancée sur des pierres qui semblèrent se placer là pour la recevoir.

Rosette reconnut Roussette; elle allait descendre, lorsque Charmant l'en empêcha en disant :
« Écoutez, Rosette.

— Marchez, dit la voix; le roi accourt avec une troupe nombreuse pour vous tuer tous les deux; le soleil se couche dans peu d'heures; je n'ai que le temps de vous sauver. Laissez aller mes chevaux, abandonnez le vôtre, roi Charmant. »

Charmant sauta dans le char, près de Rosette, qui était plus morte que vive; les chevaux partirent avec une vitesse telle qu'ils faisaient plus de vingt lieues à l'heure. Pendant longtemps ils se virent poursuivis par le roi, suivi d'une troupe nombreuse d'hommes armés, mais qui ne purent lutter contre des chevaux fées; le char volait toujours avec rapidité; les chevaux redoublaient tellement de vitesse qu'ils finirent par faire cent lieues à l'heure. Ils coururent ainsi pendant six heures, au bout desquelles ils s'arrêtèrent au pied de l'escalier du roi Charmant.

Tout le palais était illuminé; toute la cour, en habits de fête, attendait le roi au bas du perron.

Le roi et Rosette, surpris, ne savaient comment

s'expliquer cette réception inattendue. A peine Charmant eut-il aidé Rosette à descendre du char, qu'ils virent devant eux la fée Puissante, qui lui dit :

« Soyez les bienvenus dans vos États. Roi Charmant, suivez-moi ; tout est préparé pour votre mariage. Menez Rosette dans son appartement, pour qu'elle change de toilette, pendant que je vous expliquerai ce que vous ne pouvez comprendre dans les événements de cette journée. J'ai encore une heure à moi. »

La fée et Charmant menèrent Rosette dans un appartement orné et meublé avec le goût le plus exquis ; elle y trouva des femmes pour la servir.

« Je viendrai vous chercher dans peu, chère Rosette, dit la fée, car mes instants sont comptés. »

Elle sortit avec Charmant et lui dit :

« La haine du roi et de la reine contre Rosette était devenue si violente, qu'ils étaient résolus à braver ma vengeance et à se défaire de Rosette. Voyant que leur ruse de la course en chars n'avait pas réussi, puisque j'ai substitué mes chevaux à ceux qui devaient tuer Rosette, ils résolurent d'employer la force. Le roi s'entoura d'une troupe de brigands qui lui jurèrent tous une aveugle obéissance ; ils coururent sur vos traces, et comme le roi voyait votre amour pour Rosette et qu'il prévoyait que vous la défendriez jusqu'à la mort, il résolut de vous sacrifier aussi à sa haine. Orangine et Roussette, qui ignoraient ce dernier projet du roi, tentèrent de faire mourir Rosette par le moyen que vous avez vu, en brisant son char, petit et léger, avec les leurs, pesants et massifs. Je viens de les punir tous comme ils le méritent.

— Orangine et Roussette ont eu la figure tellement meurtrie par les pierres, qu'elles sont devenues affreuses; je les ai fait revenir de leur évanouissement, j'ai guéri leurs blessures, mais en laissant les hideuses cicatrices qui les défigurent; j'ai changé leurs riches costumes en ceux de pauvres paysannes, et je les ai mariées sur-le-champ avec deux palefreniers brutaux qui ont mission de les battre et maltraiter jusqu'à ce que leur cœur soit changé, ce qui n'arrivera sans doute jamais.

« Quant au roi et à la reine, je les ai métamorphosés en bêtes de somme, et je les ai donnés à des maîtres méchants et exigeants qui leur feront expier leur scélératesse à l'égard de Rosette. De plus ils sont tous quatre transportés dans votre royaume, et condamnés à entendre sans cesse louer Rosette et son époux.

« Il me reste une recommandation à vous faire, cher prince; cachez à Rosette la punition que j'ai dû infliger à ses parents et à ses sœurs. Elle est si bonne que son bonheur en serait troublé, et je ne veux ni ne dois faire grâce à des méchants dont le cœur est vicieux et incorrigible. »

Charmant remercia vivement la fée, et lui promit le secret. Ils allèrent chercher Rosette, qui était revêtue de la robe de noce préparée par la fée.

C'était un tissu de gaze d'or brillante, brodée de plusieurs guirlandes de fleurs et d'oiseaux en pierreries de toutes couleurs, d'une admirable beauté. Les pierreries qui formaient les oiseaux étaient disposées de manière à produire, au moindre mouvement que faisait Rosette, un gazouillement plus doux que la musique la plus mélodieuse. Rosette était coiffée d'une couronne de fleurs en pierreries plus belles encore que celles de la robe ; son cou et ses bras étaient entourés d'escarboucles qui brillaient comme des soleils.

Charmant resta ébloui de la beauté de Rosette. La fée le tira de son extase en lui disant :

« Vite, vite, marchons ; je n'ai plus qu'une demi-heure, après laquelle je dois me rendre près de la reine des fées, où je perds toute ma puissance pendant huit jours. Nous sommes toutes soumises à cette loi dont rien ne peut nous affranchir. »

Charmant présenta la main à Rosette ; la fée les précédait ; ils marchèrent vers la chapelle, qui était splendidement éclairée ; Charmant et Rosette reçurent la bénédiction nuptiale. En rentrant dans les salons, ils s'aperçurent que la fée avait disparu ; comme ils étaient sûrs de la revoir dans huit jours, ils ne s'en affligèrent pas. Le roi présenta la nouvelle reine à toute sa cour ; tout le monde la trouva aussi charmante, aussi bonne que le roi, et chacun se sentit disposé à l'aimer comme on aimait le roi.

Par une attention très aimable, la fée avait transporté dans le royaume de Charmant la ferme où avait été élevée Rosette, et tous ses habitants. Cette ferme se trouva placée au bout du parc, de sorte que Rosette pouvait tous les jours, en se promenant, aller voir sa nourrice. La fée avait eu soin aussi de transporter dans le palais de Rosette les coffres qui contenaient les riches toilettes des fêtes auxquelles Rosette avait assisté.

Rosette et Charmant furent heureux; ils s'aimèrent toujours tendrement. Rosette ne connut jamais la terrible punition de son père, de sa mère, de ses sœurs. Quand elle demanda à Charmant comment ses sœurs se trouvaient de leur chute, il lui répondit qu'elles avaient eu le visage écorché, mais qu'elles étaient guéries, mariées, et que la fée avait défendu à Rosette de s'en occuper. Rosette n'en parla donc plus.

Quant à Orangine et Roussette, plus elles étaient malheureuses, et plus leur cœur devenait méchant; aussi restèrent-elles toujours laides et servantes de basse-cour.

Le roi et la reine, changés en bêtes de somme, n'eurent d'autre consolation que de se donner des coups de dents, des coups de pied; ils furent obligés de mener leurs maîtres aux fêtes qui se donnèrent pour le mariage de Rosette, et ils manquèrent crever de rage en entendant les éloges qu'on lui prodiguait, et en la voyant passer, belle, radieuse et adorée de Charmant.

Ils ne devaient revenir à leur forme première

que lorsque leur cœur serait changé. On dit que, depuis six mille ans, ils sont toujours bêtes de somme.

LA
PETITE SOURIS GRISE

I

LA MAISONNETTE

Il y avait un homme veuf qui s'appelait Prudent et qui vivait avec sa fille. Sa femme était morte peu de jours après la naissance de cette fille, qui s'appelait Rosalie.

Le père de Rosalie avait de la fortune; il vivait dans une grande maison qui était à lui : la maison était entourée d'un vaste jardin où Rosalie allait se promener tant qu'elle voulait.

Elle était élevée avec tendresse et douceur, mais son père l'avait habituée à une obéissance sans réplique. Il lui défendait d'adresser des questions inutiles et d'insister pour savoir ce qu'il ne voulait pas lui dire. Il était parvenu, à force de soin et de surveillance, à presque déraciner en elle un défaut malheureusement trop commun, la curiosité.

Rosalie ne sortait jamais du parc, qui était entouré de murs élevés. Jamais elle ne voyait personne que son père ; il n'y avait aucun domestique dans la maison ; tout semblait s'y faire de soi-même ; Rosalie avait toujours ce qu'il lui fallait, soit en vêtements, soit en livres, soit en ouvrages ou en joujoux. Son père l'élevait lui-même, et Rosalie, quoiqu'elle eût près de quinze ans, ne s'ennuyait pas et ne songeait pas qu'elle pouvait vivre autrement et entourée de monde.

Il y avait au fond du parc une maisonnette sans fenêtres et qui n'avait qu'une seule porte, toujours fermée. Le père de Rosalie y entrait tous les jours, et en portait toujours sur lui la clef ; Rosalie croyait que c'était une cabane pour enfermer les outils du jardin ; elle n'avait jamais songé à en parler. Un jour qu'elle cherchait un arrosoir pour ses fleurs, elle dit à son père :

« Mon père, donnez-moi, je vous prie, la clef de la maisonnette du jardin.

— Que veux-tu faire de cette clef, Rosalie ?

— J'ai besoin d'un arrosoir ; je pense que j'en trouverai un dans cette maisonnette.

— Non, Rosalie, il n'y a pas d'arrosoir là dedans. »

La voix de Prudent était si altérée en prononçant ces mots, que Rosalie le regarda et vit avec surprise qu'il était pâle et que la sueur inondait son front.

« Qu'avez-vous, mon père ? dit Rosalie effrayée.

— Rien, ma fille, rien.

— C'est la demande de cette clef qui vous a bouleversé, mon père : qu'y a-t-il donc dans cette maison, qui vous cause une telle frayeur ?

— Rosalie, tu ne sais ce que tu dis : va chercher ton arrosoir dans la serre.

— Mais, mon père, qu'y a-t-il dans cette maisonnette ?

— Rien qui puisse t'intéresser, Rosalie.

— Mais pourquoi y allez-vous tous les jours sans jamais me permettre de vous accompagner ?

— Rosalie, tu sais que je n'aime pas les questions, et que la curiosité est un vilain défaut. »

Rosalie ne dit plus rien, mais elle resta pensive. Cette maisonnette, à laquelle elle n'avait jamais songé, lui trottait dans la tête.

« Que peut-il y avoir là dedans ? se disait-elle. Comme mon père a pâli quand j'ai demandé d'y entrer !... Il pensait donc que je courais quelque danger en y allant !... Mais pourquoi lui-même y va-t-il tous les jours ?... C'est sans doute pour porter à manger à la bête féroce qui s'y trouve renfermée.... Mais s'il y avait une bête féroce, je l'entendrais rugir ou s'agiter dans sa prison ; jamais on n'entend aucun bruit dans cette cabane ; ce n'est donc pas une bête ! D'ailleurs elle dévorerait mon père quand il y va,... à moins qu'elle ne soit attachée.... Mais si elle est attachée, il n'y a pas de danger pour moi non plus. Qu'est-ce que cela peut être ?... Un prisonnier !... Mais mon père est bon ; il ne voudrait pas priver d'air et de liberté un malheureux innocent !... Il faudra absolument que je découvre ce mystère.... Comment faire?... Si je pouvais soustraire à mon père cette clef, seulement pour une demi-heure! Peut-être l'oubliera-t-il un jour.... »

Elle fut tirée de ses réflexions par son père, qui l'appelait d'une voix altérée.

« Me voici, mon père; je rentre. »

Elle rentra en effet et examina son père, dont le visage pâle et défait indiquait une vive agitation. Plus intriguée encore, elle résolut de feindre la gaieté et l'insouciance pour donner de la sécurité à son père, et arriver ainsi à s'emparer de la clef, à laquelle il ne penserait peut-être pas toujours si Rosalie avait l'air de n'y plus songer elle-même.

Ils se mirent à table; Prudent mangea peu, et fut silencieux et triste, malgré ses efforts pour paraître gai. Rosalie montra une telle gaieté, une telle insouciance, que son père finit par retrouver sa tranquillité accoutumée.

Rosalie devait avoir quinze ans dans trois semaines; son père lui avait promis pour sa fête une agréable surprise. Quelques jours se passèrent; il n'y en avait plus que quinze à attendre.

Un matin Prudent dit à Rosalie :

« Ma chère enfant, je suis obligé de m'absenter pour une heure. C'est pour tes quinze ans que je dois sortir. Attends-moi dans la maison, et, crois-moi, ma Rosalie, ne te laisse pas aller à la curiosité. Dans quinze jours tu sauras ce que tu désires tant savoir, car je lis dans ta pensée; je sais ce qui t'occupe. Adieu, ma fille, garde-toi de la curiosité. »

Prudent embrassa tendrement sa fille et s'éloigna comme s'il avait de la répugnance à la quitter.

Quand il fut parti, Rosalie courut à la chambre de son père, et quelle fut sa joie en voyant la clef oubliée sur la table !

Elle la saisit et courut bien vite au bout du parc ; arrivée à la maisonnette, elle se souvint des paroles de son père : *Garde-toi de la curiosité* ; elle hésita et fut sur le point de reporter la clef sans avoir regardé dans la maisonnette, lorsqu'elle entendit sortir un léger gémissement ; elle colla son oreille contre la porte et entendit une toute petite voix qui chantait doucement :

> Je suis prisonnière,
> Et seule sur la terre.
> Bientôt je dois mourir,
> D'ici jamais sortir.

« Plus de doute, se dit-elle ; c'est une malheureuse créature que mon père tient enfermée. »

Et frappant doucement à la porte, elle dit :

« Qui êtes-vous et que puis-je faire pour vous ?

— Ouvrez-moi, Rosalie ; de grâce, ouvrez-moi.

— Mais pourquoi êtes-vous prisonnière ? N'avez-vous pas commis quelque crime ?

— Hélas ! non, Rosalie ; c'est un enchanteur qui me retient ici. Sauvez-moi, et je vous témoignerai ma reconnaissance en vous racontant ce que je suis. »

Rosalie n'hésita plus, sa curiosité l'emporta sur

son obéissance; elle mit la clef dans la serrure; mais sa main tremblait et elle ne pouvait ouvrir; elle allait y renoncer, lorsque la petite voix continua :

« Rosalie, ce que j'ai à vous dire vous instruira de bien des choses qui vous intéressent; votre père n'est pas ce qu'il paraît être. »

A ces mots, Rosalie fit un dernier effort; la clef tourna et la porte s'ouvrit.

II

LA FÉE DÉTESTABLE

Rosalie regarda avidement; la maisonnette était sombre; elle ne voyait rien; elle entendit la petite voix qui dit :

« Merci, Rosalie, c'est à toi que je dois ma délivrance. »

La voix semblait venir de terre; elle regarda, et aperçut dans un coin deux petits yeux brillants qui la regardaient avec malice.

« Ma ruse a réussi, Rosalie, pour te faire céder à ta curiosité. Si je n'avais chanté et parlé, tu t'en serais retournée et j'étais perdue. Maintenant que tu m'as délivrée, toi et ton père vous êtes en mon pouvoir. »

Rosalie, sans bien comprendre encore l'étendue du malheur qu'elle avait causé par sa désobéis-

Elle colla son oreille contre la porte. (Page 155.)

sance, devina pourtant que c'était une ennemie dangereuse que son père retenait captive, et elle voulut se retirer et fermer la porte.

« Halte-là, Rosalie, il n'est plus en ton pouvoir de me retenir dans cette odieuse prison, d'où je ne serais jamais sortie si tu avais attendu tes quinze ans. »

Au même moment la maisonnette disparut; la clef seule resta dans les mains de Rosalie consternée. Elle vit alors près d'elle une petite Souris grise qui la regardait avec ses petits yeux étincelants et qui se mit à rire d'une petite voix discordante.

« Hi! hi! hi! quel air effaré tu as, Rosalie! En vérité, tu m'amuses énormément. Que tu es donc gentille d'avoir été si curieuse! Voilà près de quinze ans que je suis enfermée dans cette affreuse prison, ne pouvant faire du mal à ton père, que je hais, et à toi que je déteste parce que tu es sa fille.

— Et qui êtes-vous donc, méchante Souris?

— Je suis l'ennemie de ta famille, ma mie! Je m'appelle la fée Détestable, et je porte bien mon nom, je t'assure; tout le monde me déteste et je déteste tout le monde. Je te suivrai partout, Rosalie.

— Laissez-moi, misérable! une Souris n'est pas bien à craindre, et je trouverai bien moyen de me débarrasser de vous.

— C'est ce que nous verrons, ma mie; je m'attache à vos pas partout où vous irez. »

Rosalie courut du côté de la maison; chaque fois qu'elle se retournait, elle voyait la Souris qui galopait après elle en riant d'un air moqueur. Arrivée dans la maison, elle voulut écraser la Souris dans la porte, mais la porte resta ouverte malgré les efforts de Rosalie, tandis que la Souris restait sur le seuil.

« Attends, méchante bête! » s'écria Rosalie, hors d'elle de colère et d'effroi.

Elle saisit un balai et allait en donner un coup violent sur la Souris, lorsque le balai devint flamboyant et lui brûla les mains; elle le jeta vite à terre et le poussa du pied dans la cheminée pour que le plancher ne prît pas feu. Alors, saisissant un chaudron qui bouillait au feu, elle le jeta sur la Souris; mais l'eau bouillante était devenue du bon lait frais; la Souris se mit à boire en disant :

« Que tu es aimable, Rosalie! non contente de m'avoir délivrée, tu me donnes un excellent déjeuner! »

La pauvre Rosalie se mit à pleurer amèrement; elle ne savait que devenir, lorsqu'elle entendit son père qui rentrait.

« Mon père! dit-elle, mon père! Oh! Souris, par pitié, va-t'en! que mon père ne te voie pas!

— Je ne m'en irai pas, mais je veux bien me cacher derrière tes talons, jusqu'à ce que ton père apprenne ta désobéissance. »

A peine la Souris était-elle blottie derrière Rosalie, que Prudent entra; il regarda Rosalie, dont l'air embarrassé et la pâleur trahissaient l'effroi.

« Rosalie, dit Prudent d'une voix tremblante, j'ai oublié la clef de la maisonnette; l'as-tu trouvée?

— La voici, mon père, dit Rosalie en la lui présentant et devenant très rouge.

— Qu'est-ce donc que cette crème renversée?

— Mon père, c'est le chat.

— Comment, le chat? Le chat a apporté au milieu de la chambre une chaudronnée de lait pour le répandre?

— Non, mon père, c'est moi qui, en le portant, l'ai renversé. »

Rosalie parlait bien bas et n'osait pas regarder son père.

« Prends le balai, Rosalie, pour enlever cette crème.

— Il n'y a plus de balai, mon père.

— Plus de balai! Il y en avait un quand je suis sorti.

— Je l'ai brûlé, mon père, par mégarde, en..., en.... »

Elle s'arrêta. Son père la regarda fixement, jeta un coup d'œil inquiet autour de la chambre, soupira et se dirigea lentement vers la maisonnette du parc.

Rosalie tomba sur une chaise en sanglotant; la Souris ne bougeait pas. Peu d'instants après, Prudent rentra précipitamment, le visage bouleversé d'effroi.

« Rosalie, malheureuse enfant, qu'as-tu fait? Tu as cédé à ta fatale curiosité, et tu as délivré notre plus cruelle ennemie.

— Mon père, pardonnez-moi, pardonnez-moi, s'écria Rosalie en se jetant à ses pieds ; j'ignorais le mal que je faisais.

— C'est ce qui arrive toujours quand on désobéit, Rosalie : on croit ne faire qu'un petit mal, et on en fait un très grand à soi et aux autres.

— Mais, mon père, qu'est-ce donc que cette Souris qui vous cause une si grande frayeur? Comment, si elle a tant de pouvoir, la reteniez-vous prisonnière, et pourquoi ne pouvez-vous pas la renfermer de nouveau?

— Cette Souris, ma fille, est une fée méchante et puissante; moi-même je suis le génie Prudent, et puisque tu as délivré mon ennemie, je puis te révéler ce que je devais te cacher jusqu'à l'âge de quinze ans.

« Je suis donc, comme je te le disais, le génie Prudent; ta mère n'était qu'une simple mortelle; mais ses vertus et sa beauté touchèrent la reine des fées aussi bien que le roi des génies, et ils me permirent de l'épouser.

« Je donnai de grandes fêtes pour mon mariage; malheureusement j'oubliai d'y convoquer la fée Détestable, qui, déjà irritée de me voir épouser une princesse, après mon refus d'épouser une de ses filles, me jura une haine implacable ainsi qu'à ma femme et à mes enfants.

« Je ne m'effrayai pas de ses menaces, parce que j'avais moi-même une puissance presque égale à la sienne, et que j'étais fort aimé de la reine des fées. Plusieurs fois j'empêchai par mes enchantements l'effet de la haine de Détestable. Mais, peu d'heures après ta naissance, ta mère ressentit des douleurs très vives, que je ne pus calmer ; je m'absentai un instant pour invoquer le secours de la reine des fées. Quand je revins, ta mère n'existait plus : la méchante fée avait profité de mon absence pour la faire mourir, et elle allait te douer de tous les vices et de tous les maux possibles ; heureusement que mon retour paralysa sa méchanceté. Je l'arrêtai au moment où elle venait de te douer d'une curiosité qui devait faire ton malheur et te mettre à quinze ans sous son entière dépendance. Par mon pouvoir uni à celui de la reine des fées, je contre-balançai cette fatale influence, et nous décidâmes que tu ne tomberais à quinze ans en son pouvoir que si tu succombais trois fois à ta curiosité dans des circonstances graves. En même temps la reine des fées, pour punir Détestable, la changea en souris, l'enferma dans la maisonnette que tu as vue, et déclara qu'elle ne pourrait pas en sortir, Rosalie, à moins que tu ne lui en ouvrisses volontairement la porte ; qu'elle ne pourrait reprendre sa première forme de fée que si tu succombais trois fois à ta curiosité avant l'âge de quinze ans ; enfin, que si tu résistais au moins une fois à ce funeste penchant, tu serais à jamais affranchie, ainsi que moi, du pouvoir de Détestable. Je n'obtins toutes ces faveurs qu'à grand'peine, Rosalie, et en promettant que je partagerais ton sort et que je deviendrais comme toi l'esclave de Détestable si tu te laissais aller trois fois à ta curiosité. Je me promis de t'élever de manière à détruire en toi ce fatal défaut, qui pouvait causer tant de malheurs.

« C'est pour cela que je t'enfermai dans cette enceinte ; que je ne te permis jamais de voir aucun de tes semblables, pas même de domestiques. Je te procurais par mon pouvoir tout ce que tu pouvais désirer, et déjà je m'applaudissais d'avoir si bien réussi ; dans trois semaines tu devais avoir quinze ans, et te trouver à jamais délivrée du joug odieux de Détestable, lorsque tu me demandas cette clef à laquelle tu semblais n'avoir jamais pensé. Je ne pus te cacher l'impression douloureuse que fit sur moi cette demande ; mon trouble excita ta curiosité ; malgré ta gaieté, ton insouciance factice, je pénétrai dans ta pensée, et juge de ma douleur quand la reine des fées m'ordonna de te rendre la tentation possible et la résistance méritoire, en laissant ma clef à ta portée au moins une fois ! Je dus la laisser, cette clef fatale, et te faciliter, par mon absence, les moyens de succomber ; imagine, Rosalie, ce que je souffris pendant l'heure que je dus te laisser seule, et quand je vis à mon retour ton embarras et ta rougeur, qui ne m'indiquaient que trop que tu n'avais pas eu le courage de résister. Je devais tout te cacher et ne t'instruire de ta naissance et des dangers que tu avais courus que le jour où tu aurais quinze ans, sous peine de te voir tomber au pouvoir de Détestable.

« Et maintenant, Rosalie, tout n'est pas perdu ; tu peux encore racheter ta faute en résistant pendant quinze jours à ton funeste penchant. Tu devais être unie à quinze ans à un charmant prince de nos parents, le prince Gracieux ; cette union est encore possible.

« Ah ! Rosalie, ma chère enfant ; par pitié pour toi, si ce n'est pas pour moi, aie du courage et résiste. »

Rosalie était restée aux genoux de son père, le visage caché dans ses mains et pleurant amèrement ; à ces dernières paroles, elle reprit un peu de courage, et, l'embrassant tendrement, elle lui dit :

« Oui, mon père, je vous le jure, je réparerai ma faute ; ne me quittez pas, mon père, et je chercherai près de vous le courage qui pourrait me manquer si j'étais privée de votre sage et paternelle surveillance.

— Ah ! Rosalie, il n'est plus en mon pouvoir de rester près de toi ; je suis sous la puissance de mon ennemie ; elle ne me permettra sans doute pas de rester pour te prémunir contre les pièges que te tendra sa méchanceté. Je m'étonne de ne l'avoir pas encore vue, car le spectacle de mon affliction doit avoir pour elle de la douceur.

— J'étais près de toi aux pieds de ta fille, dit la Souris grise de sa petite voix aigre, en se montrant au malheureux génie. Je me suis amusée au récit de ce que je t'ai déjà fait souffrir, et c'est ce qui fait que je ne me suis pas montrée plus tôt. Dis adieu à ta chère Rosalie ; je l'emmène avec moi, et je te défends de la suivre. »

En disant ces mots, elle saisit, avec ses petites dents aiguës, le bas de la robe de Rosalie, pour l'entraîner après elle. Rosalie poussa des cris perçants en se cramponnant à son père ; une force irrésistible l'entraînait. L'infortuné génie saisit un bâton et le leva sur la Souris ; mais, avant qu'il eût le temps de l'abaisser, la Souris posa sa petite patte sur le pied du génie, qui resta immobile et semblable à une statue. Rosalie tenait embrassés les genoux de son père et criait grâce à la Souris ; mais celle-ci, riant de son petit rire aigu et diabolique, lui dit :

« Venez, venez, ma mie, ce n'est pas ici que vous trouveriez de quoi succomber deux autres fois à votre gentil défaut ; nous allons courir le monde ensemble, et je vous ferai voir du pays en quinze jours. »

La Souris tirait toujours Rosalie, dont les bras, enlacés autour de son père, résistaient à la force extraordinaire qu'employait son ennemie. Alors la Souris poussa un petit cri discordant, et subitement toute la maison fut en flammes. Rosalie eut assez de présence d'esprit pour réfléchir qu'en se laissant brûler elle perdait tout moyen de sauver son père, qui resterait éternellement sous le pouvoir de Détestable, tandis qu'en conservant sa propre vie, elle conservait aussi les chances de le sauver.

« Adieu, mon père ! s'écria-t-elle ; au revoir dans quinze jours ! Votre Rosalie vous sauvera après vous avoir perdu. »

Et elle s'échappa pour ne pas être dévorée par les flammes.

Elle courut quelque temps, ne sachant où elle allait; elle marcha ainsi plusieurs heures; enfin, accablée de fatigue, demi-morte de faim, elle se hasarda à aborder une bonne femme qui était assise à sa porte.

« Madame, dit-elle, veuillez me donner asile ; je meurs de faim et de fatigue ; permettez-moi d'entrer et de passer la nuit chez vous.

— Comment une si belle fille se trouve-t-elle sur les grandes routes, et qu'est-ce que cette bête qui vous accompagne et qui a la mine d'un petit démon? »

Rosalie, se retournant, vit la Souris grise qui la regardait d'un air moqueur.

Elle voulut la chasser, mais la Souris refusait obstinément de s'en aller. La bonne femme, voyant cette lutte, hocha la tête et dit :

« Passez votre chemin, la belle : je ne loge pas chez moi le diable et ses protégés. »

Rosalie continua sa route en pleurant, et partout où elle se présenta, on refusa de la recevoir avec sa Souris qui ne la quittait pas. Elle entra dans une forêt où elle trouva heureusement un ruisseau pour étancher sa soif, des fruits et des noisettes en abondance; elle but, mangea, et s'assit près d'un arbre, pensant avec inquiétude à son père et à ce qu'elle deviendrait pendant quinze jours. Tout en réfléchissant, Rosalie, pour ne pas voir la maudite Souris grise, ferma les yeux; la fatigue et l'obscurité amenèrent le sommeil : elle s'endormit profondément.

III

LE PRINCE GRACIEUX

Pendant que Rosalie dormait, le prince Gracieux faisait une chasse aux flambeaux dans la forêt; le cerf, vivement poursuivi par les chiens, vint se blottir effaré près du buisson où dormait Rosalie. La meute et les chasseurs s'élancèrent après le cerf; mais tout d'un coup les chiens cessèrent d'aboyer et se groupèrent silencieux autour de Rosalie. Le prince descendit de cheval pour remettre les chiens en chasse. Quelle ne fut pas sa surprise en apercevant une belle jeune fille qui dormait paisiblement dans cette forêt! Il regarda autour d'elle et ne vit personne; elle était seule, abandonnée. En l'examinant de plus près, il vit la trace des larmes qu'elle avait répandues et qui s'échappaient encore de ses yeux fermés. Rosalie était vêtue simplement, mais d'une étoffe de soie qui dénotait plus que de l'aisance; ses jolies mains blanches, ses ongles roses, ses beaux cheveux châtains, soigneusement relevés par un peigne d'or, sa chaussure élégante, un collier de perles fines, indiquaient un rang élevé.

Elle ne s'éveillait pas, malgré le piétinement

« Madame, dit-elle, veuillez me donner asile. » (Page 167.)

des chevaux, des aboiements des chiens, le tumulte d'une nombreuse réunion d'hommes. Le prince, stupéfait, ne se lassait pas de regarder Rosalie; aucune des personnes de la cour ne la connaissait. Inquiet de ce sommeil obstiné, Gracieux lui prit doucement la main : Rosalie dormait toujours; le prince secoua légèrement cette main, mais sans pouvoir l'éveiller.

« Je ne puis, dit-il à ses officiers, abandonner ainsi cette malheureuse enfant, qui aura peut-être été égarée à dessein, victime de quelque odieuse méchanceté. Mais comment l'emporter endormie?

— Prince, lui dit son grand veneur Hubert, ne pourrions-nous faire un brancard de branchages et la porter ainsi dans quelque hôtellerie voisine, pendant que Votre Altesse continuera la chasse?

— Votre idée est bonne, Hubert; faites faire un brancard sur lequel nous la déposerons; mais ce n'est pas à une hôtellerie que vous la porterez, c'est dans mon propre palais. Cette jeune personne doit être de haute naissance, elle est belle comme un ange; je veux veiller moi-même à ce qu'elle reçoive les soins auxquels elle a droit. »

Hubert et les officiers eurent bientôt arrangé un brancard sur lequel le prince étendit son propre manteau; puis, s'approchant de Rosalie toujours endormie, il l'enleva doucement dans ses bras et la posa sur le manteau. A ce moment, Rosalie sembla rêver; elle sourit, et murmura à mi-voix :

« Mon père, mon père!... sauvé à jamais!... la

reine des fées,... le prince Gracieux,... je le vois,... qu'il est beau ! »

Le prince, surpris d'entendre prononcer son nom, ne douta plus que Rosalie ne fût une princesse sous le joug de quelque enchantement. Il fit marcher bien doucement les porteurs du brancard, afin que le mouvement n'éveillât pas Rosalie ; il se tint tout le temps à ses côtés.

On arriva au palais de Gracieux ; il donna des ordres pour qu'on préparât l'appartement de la reine, et, ne voulant pas souffrir que personne touchât à Rosalie, il la porta lui-même jusqu'à sa chambre, où il la déposa sur un lit, en recommandant aux femmes qui devaient la servir de le prévenir aussitôt qu'elle serait réveillée.

Rosalie dormit jusqu'au lendemain ; il faisait grand jour quand elle s'éveilla ; elle regarda autour d'elle avec surprise : la méchante Souris n'était pas près d'elle ; elle avait disparu.

« Serais-je délivrée de cette méchante fée Détestable ? dit Rosalie avec joie ; suis-je chez quelque fée plus puissante qu'elle ? »

Elle alla à la fenêtre ; elle vit des hommes d'armes, des officiers parés de brillants uniformes. De plus en plus surprise, elle allait appeler un de ces hommes qu'elle croyait être autant de génies et d'enchanteurs, lorsqu'elle entendit marcher ; elle se retourna et vit le prince Gracieux, qui, revêtu d'un élégant et riche costume de chasse, était devant elle, la regardant avec admiration. Rosalie recon-

A ce moment, Rosalie semble rêver. (Page 171.)

nut immédiatement le prince de son rêve, et s'écria involontairement :

« Le prince Gracieux !

— Vous me connaissez, Madame? dit le prince étonné. Comment, si vous m'avez reconnu, ai-je pu, moi, oublier votre nom et vos traits?

— Je ne vous ai vu qu'en rêve, prince, répondit Rosalie en rougissant; quant à mon nom, vous ne pouvez le connaître, puisque moi-même je ne connais que depuis hier celui de mon père.

— Et quel est-il, Madame, ce nom qui vous a été caché si longtemps? »

Rosalie lui raconta alors tout ce qu'elle avait appris de son père; elle lui avoua naïvement sa coupable curiosité et les fatales conséquences qui s'en étaient suivies.

« Jugez de ma douleur, prince, quand je dus quitter mon père pour me soustraire aux flammes que la méchante fée avait allumées, quand, repoussée de partout à cause de la Souris grise, je me trouvai exposée à mourir de froid et de faim! Mais bientôt un sommeil lourd et plein de rêves s'empara de moi; j'ignore comment je suis ici et si c'est chez vous que je me trouve. »

Gracieux lui raconta comment il l'avait trouvée endormie dans la forêt, les paroles de son rêve qu'il avait entendues, et il ajouta :

« Ce que votre père ne vous a pas dit, Rosalie, c'est que la reine des fées, notre parente, avait décidé que vous seriez ma femme lorsque vous auriez quinze ans; c'est elle sans doute qui m'a inspiré le désir d'aller chasser aux flambeaux, afin que je pusse vous trouver dans cette forêt où vous étiez perdue. Puisque vous aurez quinze ans dans peu de jours, Rosalie, daignez considérer mon palais comme le vôtre; veuillez d'avance y commander en reine. Bientôt votre père vous sera rendu, et nous pourrons aller faire célébrer notre mariage. »

Rosalie remercia vivement son jeune et beau cousin; elle passa dans sa chambre de toilette, où elle trouva des femmes qui l'attendaient avec un grand choix de robes et de coiffures. Rosalie, qui ne s'était jamais occupée de sa toilette, mit la première robe qu'on lui présenta, qui était en gaze rose garnie de dentelles, et une coiffure en dentelles avec des roses moussues; ses beaux cheveux châtains furent relevés en tresse formant une couronne. Quand elle fut prête, le prince vint la chercher pour la mener déjeuner.

Rosalie mangea comme une personne qui n'a pas dîné la veille; après le repas, le prince la mena dans le jardin; il lui fit voir les serres, qui étaient magnifiques; au bout d'une des serres, il y avait une petite rotonde garnie de fleurs choisies; au milieu était une caisse qui semblait contenir un arbre, mais une toile cousue l'enveloppait entièrement; on voyait seulement à travers la toile quelques points briller d'un éclat extraordinaire.

IV

L'ARBRE DE LA ROTONDE

Rosalie admira beaucoup toutes les fleurs; elle croyait que le prince allait soulever ou déchirer la toile de cet arbre mystérieux, mais il se disposa à quitter la serre sans en avoir parlé à Rosalie.

« Qu'est-ce donc que cet arbre si bien enveloppé, prince? demanda Rosalie.

— Ceci est le cadeau de noces que je vous destine; mais vous ne devez pas le voir avant vos quinze ans, dit le prince gaiement.

— Mais qu'y a-t-il de si brillant sous la toile? insista Rosalie.

— Vous le saurez dans peu de jours, Rosalie, et je me flatte que mon présent ne sera pas un présent ordinaire.

— Et ne puis-je le voir avant?

— Non, Rosalie; la reine des fées m'a défendu de vous le montrer avant que vous soyez ma femme, sous peine de grands malheurs. J'ose espérer que vous m'aimerez assez pour contenir pendant quelques jours votre curiosité. »

Ces derniers mots firent trembler Rosalie, en lui rappelant la Souris grise et les malheurs qui la menaçaient ainsi que son père si elle se laissait aller à la tentation qui lui était sans doute envoyée par son ennemie, la fée Détestable. Elle ne parla donc plus de cette toile mystérieuse, et elle continua sa promenade avec le prince; toute la journée se passa agréablement. Le prince lui présenta les dames de sa cour, et leur dit à toutes qu'elles eussent à respecter dans la princesse Rosalie l'épouse que lui avait choisie la reine des fées. Rosalie fut très aimable pour tout le monde, et chacun se réjouit de l'idée d'avoir une si charmante reine. Le lendemain et les jours suivants se passèrent en fêtes, en chasses, en promenades, le prince et Rosalie voyaient approcher avec bonheur le jour de la naissance de Rosalie, qui devait être aussi celui de leur mariage; le prince, parce qu'il aimait tendrement sa cousine, et Rosalie, parce qu'elle aimait le prince, parce qu'elle désirait vivement revoir son père, et aussi parce qu'elle souhaitait ardemment voir ce que contenait la caisse de la rotonde. Elle y pensait sans cesse; la nuit elle y rêvait, et, dans les moments où elle était seule, elle avait une peine extrême à ne pas aller dans les serres, pour tâcher de découvrir le mystère.

Enfin arriva le dernier jour d'attente : le lendemain Rosalie devait avoir quinze ans. Le prince était très occupé des préparatifs de son mariage, auquel devaient assister toutes les bonnes fées de sa connaissance et la reine des fées. Rosalie se trouva seule dans la matinée; elle alla se promener, et, tout en réfléchissant au bonheur du londemain, elle se dirigea machinalement vers la rotonde; elle y entra pensive et souriante, et se trouva en face de la toile qui recouvrait le trésor.

« C'est demain, dit-elle, que je dois enfin savoir ce que renferme cette toile.... Si je voulais, je pourrais bien le savoir dès aujourd'hui, car j'aperçois quelques petites ouvertures dans lesquelles j'introduirais facilement les doigts... et en tirant un peu dessus.... Au fait, qui est-ce qui le saurait? Je rapprocherais la toile après y avoir un peu regardé.... Puisque ce doit être à moi demain, je puis bien y jeter un coup d'œil aujourd'hui. »

Elle regarda autour d'elle, ne vit personne, et, oubliant entièrement, dans son désir extrême de satisfaire sa curiosité, la bonté du prince et les dangers qui les menaçaient si elle cédait à la tentation, elle passa ses doigts dans une des ouvertures, tira légèrement : la toile se déchira du haut en bas avec un bruit semblable au tonnerre, et offrit aux yeux étonnés de Rosalie un arbre dont la tige était en corail et les feuilles en émeraudes; les fruits qui couvraient l'arbre étaient des pierres précieuses de toutes couleurs, diamants, perles, rubis, saphirs, opales, topazes, etc., aussi gros que les fruits qu'ils représentaient, et d'un tel éclat que Rosalie en fut éblouie. Mais à peine avait-elle envisagé cet arbre sans pareil, qu'un bruit plus fort que le premier la tira de son extase : elle se sentit enlever et transporter dans une plaine, d'où elle aperçut le palais du prince s'écroulant; des cris effroyables sortaient des ruines du palais, et bientôt Rosalie vit le prince lui-même sortir des décombres, ensanglanté, couvert de haillons. Il s'avança vers elle et lui dit tristement :

« Rosalie, ingrate Rosalie, vois à quel état tu m'as réduit, moi et toute ma cour. Après ce que tu viens de faire, je ne doute pas que tu ne cèdes une troisième fois à ta curiosité, que tu consommes mon malheur, celui de ton père et le tien. Adieu, Rosalie, adieu ! Puisse le repentir expier ton ingratitude envers un malheureux prince qui t'aimait et qui ne voulait que ton bonheur ! »

En disant ces mots, il s'éloigna lentement. Rosalie s'était jetée à genoux ; inondée de larmes, elle l'appelait : mais il disparut à ses yeux, sans même se retourner pour contempler son désespoir. Elle était prête à s'évanouir, lorsqu'elle entendit le petit rire discordant de la Souris grise, qui était devant elle.

« Remercie-moi donc, Rosalie, de t'avoir si bien aidée. C'est moi qui t'envoyais la nuit ces beaux rêves de la toile mystérieuse ; c'est moi qui ai rongé la toile pour te faciliter les moyens d'y regarder ; sans cette dernière ruse, je crois bien que tu étais perdue pour moi, ainsi que ton père et ton prince Gracieux. Mais encore une petite peccadille, ma mie, et vous serez à moi pour toujours. »

Et la Souris, dans sa joie infernale, se mit à danser autour de Rosalie ; ces paroles, toutes méchantes qu'elles étaient, n'excitèrent pas la colère de Rosalie.

« C'est ma faute, se dit-elle ; sans ma fatale

curiosité, sans ma coupable ingratitude, la Souris grise n'aurait pas réussi à me faire commettre une si indigne action. Je dois l'expier par ma douleur, par ma patience et par la ferme volonté de résister à la troisième épreuve, quelque difficile qu'elle soit. D'ailleurs, je n'ai que quelques heures d'attente, et de moi dépendent, comme le disait mon cher prince, son bonheur, celui de mon père et le mien. »

Rosalie ne bougea donc pas ; la Souris grise avait beau employer tous les moyens possibles pour la faire marcher, Rosalie persista à rester en face des ruines du palais.

V

LA CASSETTE

Toute la journée se passa ainsi ; Rosalie souffrait cruellement de la soif.

« Ne dois-je pas souffrir bien plus encore, se disait-elle, pour me punir de ce que j'ai fait souffrir à mon père et à mon cousin ? J'attendrai ici mes quinze ans. »

La nuit commençait à tomber, quand une vieille femme, qui passait, s'approcha d'elle et lui dit :

« Ma belle enfant, voudriez-vous me rendre le service de me garder cette cassette qui est bien lourde à porter, pendant que je vais aller près d'ici voir une parente ?

— Volontiers, Madame », dit Rosalie, qui était très complaisante.

La vieille lui remit la cassette en disant :

« Merci, la belle enfant ; je ne serai pas longtemps absente. Ne regardez pas ce qu'il y a dans cette cassette, car elle contient des choses..., des choses comme vous n'en avez jamais vues... et comme vous n'en reverrez jamais. Ne la posez pas trop rudement, car elle est en écorce fragile, et un choc un peu rude pourrait la rompre.... Et alors vous verriez ce qu'elle contient.... Et personne ne doit voir ce qui s'y trouve enfermé. »

Elle partit en disant ces mots. Rosalie posa doucement la cassette près d'elle, et réfléchit à tous les événements qui s'étaient passés. La nuit vint tout à fait ; la vieille ne revenait pas ; Rosalie jeta les yeux sur la cassette, et vit avec surprise qu'elle éclairait la terre autour d'elle.

« Qu'est-ce, dit-elle, qui brille dans cette cassette ? »

Elle la retourna, la regarda de tous côtés, mais rien ne put lui expliquer cette lueur extraordinaire ; elle la posa de nouveau à terre, et dit :

« Que m'importe ce que contient cette cassette ? Elle n'est pas à moi, mais à la bonne vieille qui me l'a confiée. Je ne veux plus y penser, de crainte d'être tentée de l'ouvrir. »

En effet, elle ne la regarda plus et tâcha de n'y plus penser ; elle ferma les yeux, résolue d'attendre ainsi le retour du jour.

« Alors j'aurai quinze ans, je reverrai mon père

La vieille lui remit la cassette.

et Gracieux, et je n'aurai plus rien à craindre de la méchante fée.

— Rosalie, Rosalie, dit précipitamment la petite voix de la Souris, me voici près de toi ; je ne suis plus ton ennemie, et pour te le prouver, je vais, si tu veux, te faire voir ce que contient la cassette. »

Rosalie ne répondit pas.

« Rosalie, tu n'entends donc pas ce que je te propose ? Je suis ton amie, crois-moi, de grâce. »

Pas de réponse.

Alors la Souris grise, qui n'avait pas de temps à perdre, s'élança sur la cassette et se mit en devoir d'en ronger le couvercle.

« Monstre, s'écria Rosalie en saisissant la cassette et la serrant contre sa poitrine, si tu as le malheur de toucher à cette cassette, je te tords le cou à l'instant ! »

La Souris lança à Rosalie un coup d'œil diabolique, mais elle n'osa pas braver sa colère. Pendant qu'elle combinait un moyen d'exciter la curiosité de Rosalie, une horloge sonna minuit. Au même moment, la Souris poussa un cri lugubre, et dit à Rosalie :

« Rosalie, voici l'heure de ta naissance qui a sonné ; tu as quinze ans ; tu n'as plus rien à craindre de moi ; tu es désormais hors de mon atteinte, ainsi que ton odieux père et ton affreux prince. Et moi je suis condamnée à garder mon ignoble forme de souris, jusqu'à ce que je parvienne à faire tomber dans mes pièges une jeune fille belle et bien née comme toi. Adieu, Rosalie ; tu peux maintenant ouvrir ta cassette. »

Et, en achevant ces mots, la Souris grise disparut.

Rosalie, se méfiant des paroles de son ennemie, ne voulut pas suivre son dernier conseil, et se résolut à garder la cassette intacte jusqu'au jour. A peine eut-elle pris cette résolution, qu'un Hibou qui volait au-dessus de Rosalie laissa tomber une pierre sur la cassette, qui se brisa en mille morceaux. Rosalie poussa un cri de terreur ; au même moment elle vit devant elle la reine des fées, qui lui dit :

« Venez, Rosalie ; vous avez enfin triomphé de la cruelle ennemie de votre famille ; je vais vous rendre à votre père ; mais auparavant buvez et mangez. »

Et la fée lui présenta un fruit dont une seule bouchée rassasia et désaltéra Rosalie. Aussitôt un char attelé de deux dragons se trouva près de la fée, qui y monta et y fit monter Rosalie.

Rosalie, revenue de sa surprise, remercia vivement la fée de sa protection, et lui demanda si elle n'allait pas revoir son père et le prince Gracieux.

« Votre père vous attend dans le palais du prince.

— Mais, Madame, je croyais le palais du prince détruit, et lui-même blessé et réduit à la misère.

— Ce n'était qu'une illusion pour vous donner plus d'horreur de votre curiosité, Rosalie, et pour vous empêcher d'y succomber une troisième fois.

Vous allez retrouver le palais du prince tel qu'il était avant que vous ayez déchiré la toile qui recouvrait l'arbre précieux qu'il vous destine. »

Comme la fée achevait ces mots, le char s'arrêta près du perron du palais. Le père de Rosalie et le prince l'attendaient avec toute la cour. Rosalie se jeta dans les bras de son père et dans ceux du prince, qui n'eut pas l'air de se souvenir de sa faute de la veille. Tout était prêt pour la cérémonie du mariage, qu'on célébra immédiatement; toutes les fées assistèrent aux fêtes, qui durèrent plusieurs jours. Le père de Rosalie vécut près de ses enfants. Rosalie fut à jamais guérie de sa curiosité; elle fut tendrement aimée du prince Gracieux, qu'elle aima toute sa vie; ils eurent de beaux enfants, et ils leur donnèrent pour marraines des fées puissantes, afin de les protéger contre les mauvaises fées et les mauvais génies.

OURSON

I

LE CRAPAUD ET L'ALOUETTE

Il y avait une fois une jolie fermière qu'on nommait Agnella; elle vivait seule avec une jeune servante qui s'appelait Passerose, ne recevait jamais de visites et n'allait jamais chez personne.

Sa ferme était petite, jolie et propre; elle avait une belle vache blanche qui donnait beaucoup de lait, un chat qui mangeait les souris et un âne qui portait tous les mardis, au marché de la ville voisine, les légumes, les fruits, le beurre, les œufs, les fromages qu'elle y vendait.

Personne ne savait quand et comment Agnella et Passerose étaient arrivées dans cette ferme inconnue jusqu'alors, et qui reçut dans le pays le nom de *Ferme des bois*.

Un soir, Passerose était occupée à traire la vache, pendant qu'Agnella préparait le souper. Au moment de placer sur la table une bonne soupe aux choux et une assiettée de crème, elle aperçut un gros Crapaud qui dévorait avec avidité des cerises posées à terre dans une large feuille de vigne.

« Vilain Crapaud, s'écria Agnella, je t'apprendrai à venir manger mes belles cerises ! »

En même temps elle enleva les feuilles qui contenaient les cerises, et donna au Crapaud un coup de pied qui le fit rouler à dix pas. Elle allait le lancer au dehors, lorsque le Crapaud poussa un sifflement aigu et se dressa sur ses pattes de derrière; ses gros yeux flamboyaient, sa large bouche s'ouvrait et se fermait avec rage; tout son corps frémissait, sa gorge rendait un son mugissant et terrible.

Agnella s'arrêta interdite; elle recula même d'un pas pour éviter le venin de ce Crapaud monstrueux et irrité. Elle cherchait autour d'elle un balai pour expulser ce hideux animal, lorsque le Crapaud s'avança vers elle, lui fit de sa patte de devant un geste d'autorité et lui dit d'une voix frémissante de colère :

« Tu as osé me toucher de ton pied, tu m'as empêché de me rassasier de tes cerises que tu avais pourtant mises à ma portée, tu as cherché à me chasser de chez toi ! Ma vengeance t'atteindra dans ce que tu auras de plus cher. Tu sentiras qu'on n'insulte pas impunément la fée Rageuse ! Tu vas avoir un fils couvert de poils comme un ours, et....

— Arrêtez, ma sœur », interrompit une petite

Agnella leva la tête et vit une alouette. (Page 195.)

voix douce et flûtée qui semblait venir d'en haut. (Agnella leva la tête et vit une Alouette perchée sur le haut de la porte d'entrée.) « Vous vous vengez trop cruellement d'une injure infligée non à votre caractère de fée, mais à la laide et sale enveloppe que vous avez choisie. Par l'effet de ma puissance, supérieure à la vôtre, je vous défends d'aggraver le mal que vous avez déjà fait et qu'il n'est pas en mon pouvoir de défaire. Et vous, pauvre mère, continua-t-elle en s'adressant à Agnella, ne désespérez pas; il y aura un remède possible à la difformité de votre enfant. Je lui accorde la facilité de changer de peau avec la personne à laquelle il aura, par sa bonté et par des services rendus, inspiré une reconnaissance et une affection assez vives pour qu'elle consente à cet échange. Il reprendra alors la beauté qu'il aurait eue si ma sœur la fée Rageuse n'était venue faire preuve de son mauvais caractère.

— Hélas, Madame l'Alouette, répondit Agnella, votre bon vouloir n'empêchera pas mon pauvre fils d'être horrible et semblable à une bête.

— C'est vrai, répliqua la fée Drôlette, d'autant qu'il vous est interdit, ainsi qu'à Passerose, d'user de la faculté de changer de peau avec lui; mais je ne vous abandonnerai pas, non plus que votre fils. Vous le nommerez *Ourson* jusqu'au jour où il pourra reprendre un nom digne de sa naissance et de sa beauté; il s'appellera alors *le prince Merveilleux.* »

En disant ces mots, la fée disparut, s'envolant dans les airs.

La fée Rageuse se retira pleine de fureur, marchant pesamment et se retournant à chaque pas pour regarder Agnella d'un air irrité. Tout le long du chemin qu'elle suivit, elle souffla du venin, de sorte qu'elle fit périr l'herbe, les plantes et les arbustes qui se trouvèrent sur son passage. C'était un venin si subtil, que jamais l'herbe n'y repoussa et que maintenant encore on appelle ce sentier le *Chemin de la fée Rageuse*.

Quand Agnella fut seule, elle se mit à sangloter. Passerose, qui avait fini son ouvrage, et qui sentait approcher l'heure du souper, entra dans la salle, et vit avec surprise sa maîtresse en larmes.

« Chère reine, qu'avez-vous? Qui peut avoir causé votre chagrin? Je n'ai jamais vu entrer personne dans la maison.

— Personne, ma fille, excepté celles qui entrent partout : une fée méchante sous la forme d'un crapaud, et une bonne fée sous l'apparence d'une alouette.

— Que vous ont dit ces fées qui vous fasse ainsi pleurer, chère reine? La bonne fée n'a-t-elle pas empêché le mal que voulait vous faire la mauvaise?

— Non, ma fille; elle l'a un peu atténué, mais elle n'a pu le prévenir. »

Et Agnella lui raconta ce qui venait de se passer, et comme quoi elle aurait un fils velu comme un ours.

A ce récit, Passerose pleura aussi fort que sa maîtresse.

« Quelle infortune! s'écria-t-elle. Quelle honte que l'héritier d'un beau royaume soit un ours! Que dira le roi Féroce, votre époux, si jamais il vous retrouve?

— Et comment me retrouverait-il, Passerose! Tu sais qu'après notre fuite nous avons été emportées dans un tourbillon, que nous avons été lancées de nuée en nuée, pendant douze heures, avec une vitesse telle que nous nous sommes trouvées à plus de trois mille lieues du royaume de Féroce. D'ailleurs, tu connais sa méchanceté, tu sais combien il me hait depuis que je l'ai empêché de tuer son frère Indolent et sa belle-sœur Nonchalante. Tu sais que je ne me suis sauvée que parce qu'il voulait me tuer moi-même; ainsi je n'ai pas à craindre qu'il me poursuive. »

Passerose, après avoir pleuré et sangloté quelques instants avec la reine Aimée (c'était son vrai nom), engagea sa maîtresse à se mettre à table.

« Quand nous pleurerions toute la nuit, chère reine, nous n'empêcherons pas votre fils d'être velu; mais nous tâcherons de l'élever si bien, de le rendre si bon, qu'il ne sera pas longtemps sans trouver une bonne âme qui veuille changer sa peau blanche contre la vilaine peau velue de la fée Rageuse. Beau présent, ma foi! Elle aurait bien fait de le garder pour elle. »

La pauvre reine, que nous continuerons d'appeler Agnella, de crainte de donner l'éveil au roi Féroce, se leva lentement, essuya ses yeux, et s'efforça de vaincre sa tristesse; petit à petit le babil et la gaieté de Passerose dissipèrent son chagrin; la soirée n'était pas finie, que Passerose avait convaincu Agnella qu'Ourson ne resterait pas longtemps ours, qu'il trouverait bien vite une peau digne d'un prince; qu'au besoin elle lui donnerait la sienne, si la fée voulait bien le permettre.

Agnella et Passerose allèrent se coucher et dormirent paisiblement.

II

NAISSANCE ET ENFANCE D'OURSON

Trois mois après l'apparition du crapaud et la sinistre prédiction de la fée Rageuse, Agnella mit au jour un garçon, qu'elle nomma Ourson, selon les ordres de la fée Drôlette. Ni elle ni Passerose ne purent voir s'il était beau ou laid, car il était si velu, si couvert de longs poils bruns, qu'on ne lui voyait que les yeux et la bouche; encore ne les voyait-on que lorsqu'il les ouvrait. Si Agnella n'avait été sa mère, et si Passerose n'avait aimé Agnella comme une sœur, le pauvre Ourson serait mort faute de soins, car il était si affreux que personne n'eût osé le toucher; on l'aurait pris pour un petit ours, et on l'aurait tué à coups de fourche. Mais Agnella était sa mère, et son premier mouvement fut de l'embrasser en pleurant.

« Pauvre Ourson, dit-elle, qui pourra t'aimer assez pour te délivrer de ces affreux poils? Ah! que ne puis-je faire l'échange que permet la fée à celui ou à celle qui t'aimera? Personne ne pourra t'aimer plus que je ne t'aime! »

Ourson ne répondit rien, car il dormait.

Passerose pleurait aussi pour tenir compagnie à Agnella, mais elle n'avait pas coutume de s'affliger longtemps; elle s'essuya les yeux et dit à Agnella :

« Chère reine, je suis si certaine que votre fils ne gardera pas longtemps sa vilaine peau d'ours, que je vais l'appeler dès aujourd'hui le prince Merveilleux.

— Garde-t'en bien, ma fille, répliqua vivement la reine : tu sais que les fées aiment à être obéies. »

Passerose prit l'enfant, l'enveloppa avec les langes qui avaient été préparés, et se baissa pour l'embrasser; elle se piqua les lèvres aux poils d'Ourson et se redressa précipitamment.

« Ça ne sera pas moi qui t'embrasserai souvent, mon garçon, murmura-t-elle à mi-voix. Tu piques comme un vrai hérisson! »

Ce fut pourtant Passerose qui fut chargée par Agnella d'avoir soin du petit Ourson. Il n'avait de l'ours que la peau : c'était l'enfant le plus doux, le plus sage, le plus affectueux qu'on pût voir. Aussi Passerose ne tarda-t-elle pas à l'aimer tendrement.

A mesure qu'Ourson grandissait, on lui permettait de s'éloigner de la ferme: il ne courait aucun danger, car on le connaissait dans le pays; les enfants se sauvaient à son approche; les femmes le repoussaient; les hommes l'évitaient : on le considérait comme un être maudit. Quelquefois, quand Agnella allait au marché, elle le posait sur son âne, et l'emmenait avec elle. Ces jours-là, elle vendait plus difficilement ses légumes et ses fromages; les mères fuyaient, de crainte qu'Ourson ne les approchât de trop près. Agnella pleurait souvent et invoquait vainement la fée Drôlette ; à chaque alouette qui voltigeait près d'elle, l'espoir renaissait dans son cœur; mais ces alouettes étaient de vraies alouettes, des alouettes à mettre en pâté, et non des alouettes fées.

III

VIOLETTE

Cependant Ourson avait déjà huit ans; il était grand et fort; il avait de beaux yeux, une voix douce; ses poils avaient perdu leur rudesse; ils étaient devenus doux comme de la soie, de sorte qu'on pouvait l'embrasser sans se piquer, comme avait fait Passerose le jour de sa naissance. Il aimait tendrement sa mère, presque aussi tendrement Passerose, mais il était souvent triste et souvent seul : il voyait bien l'horreur qu'il inspirait, et il voyait aussi qu'on n'accueillait pas de même les autres enfants.

Un jour, il se promenait dans un beau bois qui touchait presque à la ferme; il avait marché longtemps; accablé de chaleur, il cherchait un endroit frais pour se reposer, lorsqu'il crut voir une petite masse blanche et rose à dix pas de lui. S'approchant avec précaution, il vit une petite fille endormie : elle paraissait avoir trois ans; elle était jolie comme les amours; ses boucles blondes couvraient en partie un joli cou blanc et potelé; ses petites joues fraîches et arrondies avaient deux fossettes rendues plus visibles par le demi-sourire de ses lèvres roses et entr'ouvertes, qui laissaient voir des dents semblables à des perles. Cette charmante tête était posée sur un joli bras que terminait une main non moins jolie; toute l'attitude de cette petite fille était si gracieuse, si charmante, qu'Ourson s'arrêta immobile d'admiration.

Il contemplait avec autant de surprise que de plaisir cette enfant qui dormait dans cette forêt aussi tranquillement qu'elle eût dormi dans un bon lit. Il la regarda longtemps; il eut le temps de considérer sa toilette, qui était plus riche, plus élégante que toutes celles qu'il avait vues dans la ville voisine.

Elle avait une robe en soie blanche brochée d'or; ses brodequins étaient en satin bleu également brodés en or; ses bas étaient en soie et d'une finesse extrême. A ses petits bras étincelaient de magnifiques bracelets dont le fermoir semblait recouvrir un portrait. Un collier de très belles perles entourait son cou.

Une alouette, qui se mit à chanter juste au-dessus de la tête de la petite fille, la réveilla. Elle ouvrit les yeux, regarda autour d'elle, appela sa bonne, et, se voyant seule dans un bois, se mit à pleurer.

Ourson était désolé de voir pleurer cette jolie enfant : son embarras était très grand.

« Si je me montre, se disait-il, la pauvre petite va me prendre pour un animal de la forêt; elle aura peur, elle se sauvera et s'égarera davantage encore. Si je la laisse là, elle mourra de frayeur et de faim. »

Pendant qu'Ourson réfléchissait, la petite tourna les yeux vers lui, l'aperçut, poussa un cri, chercha à fuir et retomba épouvantée.

« Ne me fuyez pas, chère petite, lui dit Ourson de sa voix douce et triste; je ne vous ferai pas de mal; bien au contraire, je vous aiderai à retrouver votre papa et votre maman. »

La petite le regardait toujours, avec de grands yeux effarés, et semblait terrifiée.

« Parlez-moi, ma petite, continua Ourson; je ne suis pas un ours, comme vous pourriez le croire, mais un pauvre garçon bien malheureux, car je fais peur à tout le monde, et tout le monde me fuit. »

La petite le regardait avec des yeux plus doux; sa frayeur se dissipait; elle semblait indécise.

Ourson fit un pas vers elle; aussitôt la terreur de la petite prit le dessus; elle poussa un cri aigu et chercha encore à se relever pour fuir.

Il vit une petite fille endormie. (Page 201.)

Ourson s'arrêta ; il se mit à pleurer à son tour.

« Infortuné que je suis ! s'écria-t-il, je ne puis même venir au secours de cette pauvre enfant abandonnée. Mon aspect la remplit de terreur. Elle préfère l'abandon à ma présence ! »

En disant ces mots, le pauvre Ourson se couvrit le visage de ses mains et se jeta à terre en sanglotant.

Au bout d'un instant, il sentit une petite main qui cherchait à écarter les siennes ; il leva la tête et vit l'enfant debout devant lui, ses yeux pleins de larmes.

Elle caressait les joues velues du pauvre Ourson.

« Pleure pas, petit ours, dit-elle ; pleure pas ; Violette n'a plus peur ; plus se sauver. Violette aimer pauvre petit ours ; petit ours donner la main à Violette, et si pauvre petit ours pleure encore, Violette embrasser pauvre ours. »

Des larmes de bonheur, d'attendrissement, succédèrent chez Ourson aux larmes de désespoir.

Violette, le voyant pleurer encore, approcha sa jolie petite bouche de la joue velue d'Ourson, et lui donna plusieurs baisers en disant :

« Tu vois, petit ours, Violette pas peur ; Violette baiser petit ours ; petit ours pas manger Violette. Violette venir avec petit ours. »

Si Ourson s'était écouté, il aurait pressé contre son cœur et couvert de baisers cette bonne et charmante enfant, qui faisait violence à sa terreur pour calmer le chagrin d'un pauvre être qu'elle voyait malheureux. Mais il craignit de l'épouvanter.

« Elle croit que je veux la dévorer », se dit-il.

Il se borna donc à lui serrer doucement les mains et à les baiser délicatement. Violette le laissait faire et souriait.

« Petit ours content? Petit ours aimer Violette? Pauvre Violette! Perdue! »

Ourson comprenait bien qu'elle s'appelait Violette; mais il ne comprenait pas du tout comment cette petite fille, si richement vêtue, se trouvait toute seule dans la forêt.

« Où demeures-tu, ma chère petite Violette?

— Là-bas, là-bas, chez papa et maman.

— Comment s'appelle ton papa?

— Il s'appelle le roi, et maman, c'est la reine. »

Ourson, de plus en plus surpris, demanda :

« Pourquoi es-tu toute seule dans la forêt?

— Violette sait pas. Pauvre Violette montée sur gros chien : gros chien courir vite, vite, longtemps. Violette fatiguée, tombée, dormi.

— Et le chien, où est-il? »

Violette se tourna de tous côtés, appela de sa douce petite voix :

« Ami! Ami! »

Aucun chien ne parut.

« Ami parti, Violette toute seule. »

Ourson prit la main de Violette; elle ne la retira pas et sourit.

« Veux-tu que j'aille chercher maman, ma chère Violette?

— Violette pas rester seule dans le bois, Violette aller avec petit ours.

— Viens alors avec moi, chère petite; je te mènerai à maman à moi. »

Ourson et Violette marchèrent vers la ferme. Ourson cueillait des fraises et des cerises pour Violette, qui ne les mangeait qu'après avoir forcé Ourson à en prendre la moitié. Quand Ourson gardait dans sa main la part que Violette lui adjugeait, Violette reprenait les fraises et les cerises, et les mettait elle-même dans la bouche d'Ourson, en disant :

« Mange, mange, petit ours. Violette pas manger si petit ours ne mange pas. Violette veut pas pauvre ours malheureux. Violette veut pas pauvre ours pleurer. »

Et elle le regardait attentivement pour voir s'il était content, s'il avait l'air heureux.

Il était réellement heureux, le pauvre Ourson, de voir que son excellente petite compagne non seulement le supportait, mais encore s'occupait de lui et cherchait à lui être agréable. Ses yeux s'animaient d'un bonheur réel; sa voix toujours si douce prenait des accents encore plus tendres. Après une demi-heure de marche, il lui dit :

« Violette n'a donc plus peur du pauvre Ourson?

— Oh non! oh non! s'écria-t-elle. Ourson bien bon; Violette pas vouloir quitter Ourson.

— Tu voudras donc bien que je t'embrasse, Violette? tu n'aurais pas peur! »

Pour toute réponse, Violette se jeta dans ses bras.

Ourson l'embrassa tendrement, la serra contre son cœur.

« Chère Violette, dit-il, je t'aimerai toujours; je n'oublierai jamais que tu es la seule enfant qui ait bien voulu me parler, me toucher, m'embrasser. »

Ils arrivèrent peu après à la ferme. Agnella et Passerose étaient assises à la porte; elles causaient.

Lorsqu'elles virent arriver Ourson donnant la main à une jolie petite fille richement vêtue, elles furent si surprises, que ni l'une ni l'autre ne put proférer une parole.

« Chère maman, dit Ourson, voici une bonne et charmante petite fille que j'ai trouvée endormie dans la forêt; elle s'appelle Violette, elle est bien gentille, je vous assure, elle n'a pas peur de moi, elle m'a même embrassé quand elle m'a vu pleurer.

— Et pourquoi pleurais-tu, mon pauvre enfant? dit Agnella.

— Parce que la petite fille avait peur de moi, répondit Ourson d'une voix triste et tremblante....

— A présent, Violette a plus peur, interrompit vivement la petite. Violette donner la main à Ourson, embrasser pauvre Ourson, faire manger des fraises à Ourson.

— Mais que veut dire tout cela? dit Passerose. Pourquoi est-ce notre Ourson qui amène cette petite! Pourquoi est-elle seule? Qui est-elle? Réponds donc, Ourson! Je n'y comprends rien, moi.

— Je n'en sais pas plus que vous, chère Passerose, dit Ourson; j'ai vu cette pauvre petite endormie dans le bois toute seule; elle s'est éveillée, elle a pleuré; puis elle m'a vu, elle a crié. Je lui ai parlé, j'ai voulu approcher d'elle, elle a crié encore; j'ai eu du chagrin, beaucoup de chagrin, j'ai pleuré....

— Tais-toi, tais-toi, pauvre Ourson, s'écria Violette en lui mettant la main sur la bouche. Violette plus faire pleurer jamais, bien sûr. »

Et en disant ces mots, Violette elle-même avait la voix tremblante et les yeux pleins de larmes.

« Bonne petite, dit Agnella en l'embrassant, tu aimeras donc mon pauvre Ourson qui est si malheureux?

— Oh! oui; Violette aimer beaucoup Ourson. Violette toujours avec Ourson. »

Agnella et Passerose eurent beau questionner Violette sur ses parents, sur son pays, elles ne purent savoir autre chose que ce que savait Ourson. Son père était roi, sa mère était reine. Elle ne savait pas comment elle s'était trouvée dans la forêt.

Agnella n'hésita pas à prendre sous sa garde cette pauvre enfant perdue; elle l'aimait déjà, à cause de l'affection que la petite semblait éprouver pour Ourson, et aussi à cause du bonheur que ressentait Ourson de se voir aimé, recherché par une créature humaine autre que sa mère et Passerose.

C'était l'heure du souper et Passerose mit le couvert; on prit place à table. Violette demanda à être près d'Ourson; elle était gaie, elle causait, elle riait. Ourson était heureux comme il ne l'avait jamais été. Agnella était contente. Passerose sautait de joie de voir une petite compagne de jeu à son cher Ourson. Dans ses transports, elle répandit une jatte de crème, qui ne fut pas perdue pour cela : un chat qui attendait son souper lécha la crème jusqu'à la dernière goutte.

Après souper, Violette s'endormit sur sa chaise.

« Où la coucherons-nous? dit Agnella. Je n'ai pas de lit à lui donner.

— Donnez-lui le mien, chère maman, dit Ourson; je dormirai aussi bien dans l'étable. »

Agnella et Passerose refusèrent, mais Ourson demanda si instamment à faire ce petit sacrifice, qu'elles finirent par l'accepter.

Passerose emporta donc Violette endormie, la déshabilla sans l'éveiller et la coucha dans le lit d'Ourson, près de celui d'Agnella. Ourson alla se coucher dans l'étable sur des bottes de foin; il s'y endormit paisiblement et le cœur content.

Passerose vint rejoindre Agnella dans la salle; elle la trouva pensive, la tête appuyée sur sa main.

« A quoi pensez-vous, chère reine? dit Passerose; vos yeux sont tristes, votre bouche ne sourit plus! Et moi qui venais vous montrer les bracelets de la petite! Le médaillon doit s'ouvrir, mais j'ai vainement essayé. Nous y trouverions peut-être un portrait ou un nom.

— Donne, ma fille.... Ces bracelets sont beaux. Ils m'aideront peut-être à retrouver une ressemblance qui se présente vaguement à mon souvenir et que je m'efforce en vain de préciser. »

Agnella prit les bracelets, les retourna, les pressa de tous côtés pour ouvrir le médaillon; elle ne fut pas plus habile que Passerose.

Au moment où, lassée de ses vains efforts, elle remettait les bracelets à Passerose, elle vit dans le milieu de la chambre une femme brillante comme un soleil. Son visage était d'une blancheur éclatante; ses cheveux semblaient être des fils d'or; une couronne d'étoiles resplendissantes ornait son front; sa taille était moyenne; toute sa personne semblait transparente, tant elle était légère et lumineuse; sa robe flottante était parsemée d'étoiles semblables à celles de son front; son regard était doux; elle souriait malicieusement, mais avec bonté.

« Madame, dit-elle à la reine, vous voyez en moi la fée Drôlette; je protège votre fils et la petite princesse qu'il a ramenée ce matin de la forêt. Cette princesse vous tient de près : elle est votre nièce, fille de votre beau-frère Indolent et de votre belle-sœur Nonchalante. Votre mari est parvenu, après votre fuite, à tuer Indolent et Nonchalante, qui ne se méfiaient pas de lui et qui passaient leurs journées à dormir, à manger, à se reposer. Je n'ai pu malheureusement empêcher ce crime, parce que j'assistais à la naissance d'un prince dont je protège les parents, et je me suis oubliée à jouer des tours à une vieille dame d'honneur méchante et guindée, et à un vieux chambellan avare et grondeur, grands amis tous deux de ma sœur Rageuse. Mais je suis arrivée à temps pour sauver la princesse Violette, seule fille et héritière du roi Indolent et de la reine Nonchalante. Elle jouait dans un jardin; le roi Féroce la cherchait pour la poignarder; je l'ai fait monter sur le dos de mon chien Ami, qui a reçu l'ordre de la déposer dans le bois où j'ai dirigé les pas du prince votre fils. Cachez à tous deux leur naissance et la vôtre. Ne montrez à Violette ni les bracelets qui renferment les portraits de son père et de sa mère, ni les riches vêtements que j'ai remplacés par d'autres plus conformes à l'existence qu'elle doit mener à l'avenir. Voici, ajouta la fée, une cassette de pierres précieuses; elle contient le bonheur de Violette; mais vous devez la cacher à tous les yeux et ne l'ouvrir que lorsqu'elle aura été *perdue et retrouvée.*

— J'exécuterai fidèlement vos ordres, Madame, répondit Agnella; mais daignez me dire si mon pauvre Ourson devra conserver longtemps encore sa hideuse enveloppe.

— Patience, patience, dit la fée; je veille sur vous, sur lui, sur Violette. Instruisez Ourson de la faculté que je lui ai donnée de changer de peau avec la personne qui l'aimera assez pour accomplir ce sacrifice. Souvenez-vous que nul ne doit connaître le rang d'Ourson ni de Violette. Passerose a mérité par son dévouement d'être

« Voici une cassette de pierres précieuses. »

seule initiée à ce mystère; à elle vous pouvez toujours tout confier. Adieu, reine; comptez sur ma protection; voici une bague que vous allez passer à votre petit doigt; tant qu'elle y sera, vous ne manquerez de rien. »

Et faisant un signe d'adieu avec la main, la fée reprit la forme d'une alouette et s'envola à tire-d'aile en chantant.

Agnella et Passerose se regardèrent; Agnella soupira, Passerose sourit.

« Cachons cette précieuse cassette, chère reine, ainsi que les vêtements de Violette. Je vais aller voir bien vite ce que la fée lui a préparé pour sa toilette de demain. »

Elle y courut en effet, ouvrit l'armoire, et la trouva pleine de vêtements, de linge, de chaussures simples mais commodes. Après avoir tout regardé, tout compté, tout approuvé, après avoir aidé Agnella à se déshabiller, Passerose alla se coucher et ne tarda pas à s'endormir.

IV

LE RÊVE

Le lendemain, ce fut Ourson qui s'éveilla le premier, grâce au mugissement de la vache. Il se frotta les yeux, regarda autour de lui, se demandant pourquoi il était dans une étable : il se rappela les événements de la veille, sauta à bas de son tas de foin et courut bien vite à la fontaine pour se débarbouiller.

Pendant qu'il se lavait, Passerose, qui s'était levée de bonne heure comme Ourson, sortit pour traire la vache et laissa la porte de la maison ouverte. Ourson entra sans faire de bruit, pénétra jusqu'à la chambre de sa mère, qui dormait encore, et entr'ouvrit les rideaux du lit de Violette; elle dormait comme Agnella.

Ourson la regardait dormir, et souriait de la voir sourire dans ses rêves. Tout à coup le visage de Violette se contracta; elle poussa un cri, se releva à demi, et, jetant ses petits bras au cou d'Ourson, elle s'écria :

« Ourson, bon Ourson, sauver Violette! pauvre Violette dans l'eau! Méchant crapaud tirer Violette! »

Et elle s'éveilla en pleurant, avec tous les symptômes d'une vive frayeur; elle tenait Ourson serré de ses deux petits bras : il avait beau la rassurer, la consoler, l'embrasser, elle criait toujours :

« Méchant crapaud! bon Ourson! sauver Violette! »

Agnella, qui s'était éveillée au premier cri, ne comprenait rien à la terreur de Violette; enfin elle parvint à la calmer, et Violette raconta :

« Violette promener, et Ourson conduire Violette; Ourson plus donner la main, plus regarder Violette. Méchant crapaud venir tirer Violette dans l'eau : pauvre Violette tomber et appeler

Rêve de goutte.

Ourson. Et bon Ourson venir et sauver Violette. Et Violette bien aimer bon Ourson, continua-t-elle d'une voix attendrie; Violette jamais oublier bon Ourson. »

En disant ces mots, Violette se jeta dans les bras d'Ourson, qui, ne craignant pas l'effet terrifiant de sa peau velue, l'embrassa mille fois et la rassura de son mieux.

Agnella ne douta pas que ce rêve ne fût un avertissement envoyé par la fée Drôlette; elle résolut de veiller avec soin sur Violette, et d'instruire Ourson de tout ce qu'elle pouvait lui révéler sans désobéir à la fée. Quand elle eut levé et habillé Violette, elle appela Ourson pour déjeuner. Passerose leur apportait une jatte de lait tout frais tiré, du bon pain bis et une motte de beurre. Violette sauta de joie quand elle vit ce bon déjeuner.

« Violette aimer beaucoup bon lait, dit-elle; aimer beaucoup bon pain, aimer beaucoup bon beurre. Violette bien contente; aimer tout avec bon Ourson et maman Ourson.

— Je ne m'appelle pas maman Ourson, dit Agnella en riant : appelle-moi *maman*.

— Oh! non, pas maman, reprit Violette en secouant tristement la tête : maman, c'est la maman là-bas qui est perdue. Maman, toujours dormir, jamais promener, jamais soigner Violette; jamais parler à Violette, jamais embrasser Violette; maman Ourson parler, marcher, embrasser pauvre Violette, habiller Violette.... Violette aimer maman

Ourson, beaucoup, beaucoup », ajouta-t-elle en saisissant la main d'Agnella, la baisant et la pressant ensuite contre son cœur.

Agnella ne répondit qu'en l'embrassant tendrement.

Ourson était attendri ; ses yeux devenaient humides : Violette s'en aperçut, lui passa les mains sur les yeux et lui dit d'un air suppliant :

« Ourson, pas pleurer, je t'en prie. Si Ourson pleure, Violette pleurer aussi.

— Non, non, chère petite Violette, je ne pleure pas ; ne pleure pas non plus ; mangeons notre déjeuner, et puis nous irons promener. »

Ils déjeunèrent tous avec appétit ; Violette battait des mains, s'interrompait sans cesse pour s'écrier, la bouche pleine :

« Ah ! que c'est bon ! Violette aimer beaucoup cela ! Violette très contente ! »

Après le déjeuner, Ourson et Violette sortirent pendant qu'Agnella et Passerose faisaient le ménage. Ourson jouait avec Violette, lui cueillait des fleurs et des fraises. Violette lui dit :

« Violette promener toujours avec Ourson ; Ourson toujours jouer avec Violette.

— Je ne pourrai pas toujours jouer, ma petite Violette. Il faut que j'aide maman et Passerose.

— Aider à quoi faire, Ourson ?

— Aider à balayer, à essuyer, à prendre soin de la vache, à couper de l'herbe, à apporter du bois et de l'eau.

— Violette aussi aider Ourson.

— Tu es encore bien petite, chère Violette; mais tu pourras toujours essayer. »

Quand ils rentrèrent à la maison, Ourson se mit à l'ouvrage. Violette le suivait partout; elle l'aidait de son mieux, ou elle croyait l'aider, car elle était trop petite pour être réellement utile. Mais au bout de quelques jours, elle commença à savoir laver les tasses et les assiettes, étendre et plier le linge, essuyer la table; elle allait à la laiterie avec Passerose, l'aider à passer le lait, à l'écrémer, à laver les dalles de pierre. Elle n'avait jamais d'humeur; jamais elle ne désobéissait, jamais elle ne répondait avec impatience ou colère. Ourson l'aimait de plus en plus; Agnella et Passerose la chérissaient également, et d'autant plus qu'elles savaient que Violette était la cousine d'Ourson.

Violette les aimait bien aussi, mais elle aimait Ourson plus tendrement encore; et comment ne pas aimer un si excellent garçon, qui s'oubliait toujours pour elle, qui cherchait constamment ce qui pouvait l'amuser, lui plaire, qui se serait fait tuer pour sa petite amie?

Agnella profita d'un jour où Passerose avait emmené Violette au marché, pour lui raconter l'événement fâcheux et imprévu qui avait précédé sa naissance; elle lui révéla la possibilité de se débarrasser de cette hideuse peau velue, en acceptant en échange la peau blanche et unie d'une personne qui ferait ce sacrifice par affection et reconnaissance.

« Jamais, s'écria Ourson, jamais je ne provoquerai ni accepterai un pareil sacrifice! Jamais je ne consentirai à vouer un être qui m'aimerait au malheur auquel m'a condamné la vengeance de la fée Rageuse! Jamais, par l'effet de ma volonté, un cœur capable d'un tel sacrifice ne souffrira tout ce que j'ai souffert et tout ce que j'ai à souffrir encore de l'antipathie, de la haine des hommes! »

Agnella lutta en vain contre la volonté bien arrêtée d'Ourson. Il lui demanda avec instances de ne jamais lui parler de cet échange, auquel il ne donnerait certes pas son consentement, et de n'en jamais parler à Violette ni à aucune autre personne qui lui serait attachée. Elle le lui promit après avoir combattu faiblement, car au fond elle admirait et approuvait cette résolution. Elle espérait aussi que la fée Drôlette récompenserait les sentiments si nobles, si généreux de son petit protégé en le délivrant elle-même de sa peau velue.

V

ENCORE LE CRAPAUD

Quelques années se passèrent ainsi sans aucun événement extraordinaire. Ourson et Violette grandissaient. Agnella ne songeait plus au rêve de la première nuit de Violette; elle s'était relâchée de sa surveillance, et la laissait souvent se promener seule ou sous la garde d'Ourson.

Ourson avait déjà quinze ans; il était grand, fort, leste et actif; personne ne pouvait dire s'il était beau ou laid, car ses longs poils noirs et soyeux couvraient entièrement son corps et son visage. Il était resté bon, généreux, aimant, toujours prêt à rendre service, toujours gai, toujours content. Depuis le jour où il avait trouvé Violette, sa tristesse avait disparu; il ne souffrait plus de l'antipathie qu'il inspirait; il n'allait plus dans les endroits habités; il vivait au milieu des trois êtres qu'il chérissait et qui l'aimaient par-dessus tout.

Violette avait déjà dix ans; elle n'avait rien perdu de son charme et de sa beauté en grandissant; ses beaux yeux bleus étaient plus doux, son teint plus frais, sa bouche plus jolie et plus espiègle; sa taille avait gagné comme son visage; elle était grande, mince et gracieuse; ses cheveux d'un blond cendré lui tombaient jusqu'aux pieds et l'enveloppaient tout entière quand elle les déroulait. Passerose avait bien soin de cette magnifique chevelure, qu'Agnella ne se lassait pas d'admirer.

Violette avait appris bien des choses pendant ces sept années. Agnella lui avait montré à travailler. Quant au reste, Ourson avait été son maître; il lui avait enseigné à lire, à écrire, à compter. Il lisait tout haut pendant qu'elle travaillait. Des livres nécessaires à son instruction s'étaient trouvés dans la chambre de Violette, sans qu'on sût d'où ils étaient venus; il en était de même des vêtements et autres objets nécessaires à Violette, à Ourson, à

Agnella et à Passerose; on n'avait plus besoin d'aller vendre ni acheter à la ville voisine : grâce à l'anneau d'Agnella, tout se trouvait apporté à mesure qu'on en avait besoin.

Un jour que Violette se promenait avec Ourson, elle se heurta contre une pierre, tomba et s'écorcha le pied. Ourson fut effrayé quand il vit couler le sang de sa chère Violette; il ne savait que faire pour la soulager; il voyait bien combien elle souffrait, car elle ne pouvait, malgré ses efforts, retenir quelques larmes qui s'échappaient de ses yeux. Enfin, il songea au ruisseau qui coulait à dix pas d'eux.

« Chère Violette, dit-il, appuie-toi sur moi; tâche d'arriver jusqu'à ce ruisseau, l'eau fraîche te soulagera. »

Violette essaya de marcher; Ourson la soutenait; il parvint à l'asseoir au bord du ruisseau; là elle se déchaussa et trempa son petit pied dans l'eau fraîche et courante.

« Je vais courir à la maison et t'apporter du linge pour envelopper ton pied, chère Violette; attends-moi, je ne serai pas longtemps, et prends bien garde de ne pas t'avancer trop près du bord : le ruisseau est profond, et, si tu glissais, je ne pourrais peut-être pas te retenir. »

Quand Ourson fut éloigné, Violette éprouva un malaise qu'elle attribua à la douleur que lui causait sa blessure. Une répulsion extraordinaire la portait à retirer son pied du ruisseau où il était plongé. Avant qu'elle se fût décidée à obéir à ce sentiment étrange, elle vit l'eau se troubler, et la tête d'un énorme Crapaud apparut à la surface ; les gros yeux irrités du hideux animal se fixèrent sur Violette, qui, depuis son rêve, avait toujours eu peur des crapauds. L'apparition de celui-ci, sa taille monstrueuse, son regard courroucé, la glacèrent tellement d'épouvante qu'elle ne put ni fuir ni crier.

« Te voilà donc enfin dans mon domaine, petite sotte ! lui dit le crapaud. Je suis la fée Rageuse, ennemie de ta famille. Il y a longtemps que je te guette et que je t'aurais eue, si ma sœur Drôlette, qui te protège, ne t'avait envoyé un songe pour vous prémunir tous contre moi. Ourson, dont la peau velue est un talisman préservatif, est absent ; ma sœur est en voyage : tu es à moi. »

En disant ces mots, elle saisit le pied de Violette de ses pattes froides et gluantes, et chercha à l'entraîner au fond de l'eau. Violette poussa des cris perçants ; elle luttait en se raccrochant aux plantes, aux herbes qui couvraient le rivage ; les plantes, les herbes cédaient ; elle en saisissait d'autres.

« Ourson, au secours ! au secours ! Ourson, cher Ourson ! sauve-moi, sauve ta Violette qui périt ! Ourson ! Ah !... »

La fée l'emportait.... La dernière plante avait cédé ; les cris avaient cessé.... Violette, la pauvre Violette disparaissait sous l'eau au moment où un autre cri désespéré, terrible, répondit aux siens..... Mais, hélas ! sa chevelure seule paraissait encore lorsque Ourson accourut haletant, terrifié. Il avait entendu les cris de Violette, et il était revenu sur ses pas avec la promptitude de l'éclair.

Sans hésitation, sans retard, il se précipita dans l'eau et saisit la longue chevelure de Violette; mais il sentit en même temps qu'il enfonçait avec elle : la fée Rageuse continuait à l'attirer au fond du ruisseau.

Pendant qu'il enfonçait, il ne perdit pas la tête; au lieu de lâcher Violette, il la saisit à deux bras, invoqua la fée Drôlette, et, arrivé au fond de l'eau, il donna un vigoureux coup de talon, qui le fit remonter à la surface. Prenant alors Violette d'un bras, il nagea de l'autre, et grâce à une force surnaturelle il parvint au rivage, où il déposa Violette inanimée.

Ses yeux étaient fermés, ses dents restaient serrées, la pâleur de la mort couvrait son visage. Ourson se précipita à genoux près d'elle et pleura. L'intrépide Ourson, que rien n'intimidait, qu'aucune privation, aucune souffrance ne pouvait vaincre, pleura comme un enfant. Sa sœur bien-aimée, sa seule amie, sa consolation, son bonheur, était là sans mouvement, sans vie! Le courage, la force d'Ourson l'avaient abandonné; à son tour, il s'affaissa et tomba sans connaissance près de sa chère Violette.

A ce moment, une Alouette arrivait à tire-d'aile; elle se posa près de Violette et d'Ourson, donna un petit coup de bec à Violette, un autre à Ourson, et disparut.

Ourson n'avait pas seul répondu à l'appel de Violette. Passerose aussi avait entendu ; aux cris de Violette succéda le cri plus fort et plus terrible d'Ourson. Elle courut à la ferme prévenir Agnella, et toutes deux se dirigèrent rapidement vers le ruisseau d'où partaient les cris.

En approchant, elles virent, avec autant de surprise que de douleur, Violette et Ourson étendus sans connaissance. Passerose mit tout de suite la main sur le cœur de Violette ; elle le sentit battre ; Agnella s'était assurée également qu'Ourson vivait encore ; elle commanda à Passerose d'emporter, de déshabiller et de coucher Violette, pendant qu'elle-même ferait respirer à Ourson un flacon de sels, et le ranimerait avant de le ramener à la ferme. Ourson était trop grand et trop lourd pour qu'Agnella et Passerose pussent songer à l'emporter. Violette était légère, Passerose était robuste ; elle la porta facilement à la maison, où elle ne tarda pas à la faire sortir de son évanouissement.

Elle fut quelques instants avant de se reconnaître ; elle conservait un vague souvenir de terreur, mais sans se rendre compte de ce qui l'avait épouvantée.

Pendant ce temps, les tendres soins d'Agnella avaient rappelé Ourson à la vie ; il ouvrit les yeux, aperçut sa mère, et se jeta à son cou en pleurant.

« Mère ! chère mère ! s'écria-t-il ; ma Violette, ma sœur bien-aimée a péri ; laissez-moi mourir avec elle.

— Rassure-toi, mon cher fils, répondit Agnella,

Violette vit encore; Passerose l'a emportée à la maison, pour lui donner les soins que réclame son état. »

Ourson sembla renaître à ces paroles; il se releva et voulut courir à la ferme; mais sa seconde pensée fut pour sa mère, et il modéra son impatience pour revenir avec elle.

Pendant le court trajet du ruisseau à la ferme, il lui raconta ce qu'il savait sur l'événement qui avait failli coûter la vie à Violette; il ajouta que la bave de la fée Rageuse lui avait laissé dans la tête une lourdeur étrange.

Agnella raconta à son tour comment elle et Passerose les avaient trouvés évanouis au bord du ruisseau. Ils arrivèrent ainsi à la ferme; Ourson s'y précipita tout ruisselant encore.

Violette, en le voyant, se ressouvint de tout; elle s'élança vers lui, se jeta dans ses bras, et pleura sur sa poitrine. Ourson pleura aussi; Agnella pleurait; Passerose pleurait : c'était un concert de larmes à attendrir les cœurs. Passerose y mit fin en s'écriant :

« Ne dirait-on pas... hi! hi!... que nous sommes... hi! hi!... les gens les plus malheureux... hi! hi!... de l'univers? Voyez donc notre pauvre Ourson... déjà mouillé... comme un roseau... qui s'inonde encore de ses larmes et de celles de Violette.... Allons, enfants!... courage et bonheur; nous voilà tous vivants, grâce à Ourson....

— Oh! oui, interrompit Violette, grâce à Ourson, à mon cher, à mon bien-aimé Ourson! comment m'acquitterai-je jamais de ce que je lui dois? Comment pourrai-je lui témoigner ma profonde reconnaissance, ma tendre affection?

— En m'aimant toujours comme tu le fais, ma sœur, ma Violette chérie. Ah! si j'ai été assez heureux pour te rendre plusieurs services, n'as-tu pas changé mon existence, ne l'as-tu pas rendue heureuse et gaie, de misérable et triste qu'elle était? N'es-tu pas tous les jours et à toute heure du jour la consolation, le bonheur de ma vie et de celle de notre excellente mère? »

Violette pleurait encore, elle ne répondit qu'en pressant plus tendrement contre son cœur son Ourson, son frère adoptif.

« Cher Ourson, lui dit sa mère, tu es trempé; va changer de vêtements. Violette a besoin d'une heure de repos; nous nous retrouverons pour dîner. »

Violette se laissa coucher, mais ne dormit pas; son cœur débordait de reconnaissance et de tendresse; elle cherchait vainement comment elle pourrait reconnaître le dévouement d'Ourson, elle ne trouva d'autre moyen que de s'appliquer à devenir parfaite, afin de faire le bonheur d'Ourson et d'Agnella.

VI

MALADIE ET SACRIFICE

Quand l'heure du dîner fut venue, Violette se

leva, s'habilla et vint dans la salle où l'attendaient Agnella et Passerose. Ourson n'y était pas.

« Ourson n'est pas avec vous, mère ? demanda Violette.

— Je ne l'ai pas revu, dit Agnella.

— Ni moi, dit Passerose. Je vais le chercher. »

Elle alla dans la chambre d'Ourson ; elle le trouva assis près de son lit, la tête appuyée sur son bras.

« Venez, Ourson, venez vite ; on vous attend pour dîner.

— Je ne puis, dit Ourson d'une voix affaiblie ; j'ai la tête trop pesante. »

Passerose alla prévenir Agnella et Violette qu'Ourson était malade ; elles coururent toutes deux auprès de lui. Ourson voulut se lever pour les rassurer, mais il tomba sur sa chaise. Agnella lui trouva de la fièvre, et le fit coucher. Violette refusa résolument de le quitter.

« C'est à cause de moi qu'il est malade, dit-elle : je ne le quitterai que lorsqu'il sera guéri. Je mourrai d'inquiétude si vous m'éloignez de mon frère chéri. »

Agnella et Violette s'installèrent donc près de leur cher malade. Bientôt le pauvre Ourson ne les reconnut plus ; il avait le délire ; à chaque instant il appelait sa mère et Violette, et il continuait à les appeler et à se plaindre de leur absence pendant qu'elles le soutenaient dans leurs bras.

Agnella et Violette ne le quittèrent ni jour ni nuit pendant toute la durée de la maladie : le huitième jour Agnella, épuisée de fatigue, s'était assoupie près du lit du pauvre Ourson, dont la respiration haletante, l'œil éteint, semblaient annoncer une fin prochaine. Violette, à genoux près de son lit et tenant entre ses mains une des mains velues d'Ourson, la couvrait de larmes et de baisers.

Au milieu de cette désolation, un chant doux et clair vint interrompre le lugubre silence de la chambre du mourant. Violette tressaillit. Ce chant si doux semblait apporter la consolation et le bonheur; elle leva la tête et vit une Alouette perchée sur la croisée ouverte.

« Violette! » dit l'Alouette.

Violette tressaillit.

« Violette, continua la petite voix douce de l'Alouette, aimes-tu Ourson.

— Si je l'aime! Ah! je l'aime,... je l'aime plus que tout au monde, plus que moi-même.

— Rachèterais-tu sa vie au prix de ton bonheur?

— Je la rachèterais au prix de mon bonheur et de ma propre vie!

— Écoute, Violette, je suis la fée Drôlette; j'aime Ourson, je t'aime, j'aime ta famille. Le venin que ma sœur Rageuse a soufflé sur la tête d'Ourson doit le faire mourir.... Cependant, si tu es sincère, si tu éprouves réellement pour Ourson le sentiment de tendresse et de reconnaissance que tu exprimes, sa vie est entre tes mains.... Il t'est permis de la racheter; mais souviens-toi que tu seras bientôt appelée à lui donner une preuve terrible de ton attachement, et que, s'il vit, tu payeras son existence par un terrible dévouement.

— Oh! madame! vite, vite, dites-moi ce que je dois faire pour sauver mon cher Ourson! Rien ne me sera terrible, tout me sera joie et bonheur si vous m'aidez à le sauver.

— Bien, mon enfant; très bien, dit la fée. Baise-lui trois fois l'oreille gauche en disant à chaque baiser : « A toi.... Pour toi.... Avec toi.... » Réfléchis encore avant d'entreprendre sa guérison. Si tu n'es pas prête aux plus durs sacrifices, il t'en arrivera malheur. Ma sœur Rageuse serait maîtresse de ta vie. »

Pour toute réponse, Violette croisa les mains sur son cœur, jeta sur la fée qui s'envolait un regard de tendre reconnaissance, et, se précipitant sur Ourson, elle lui baisa trois fois l'oreille en disant d'un accent pénétré : « A toi.... Pour toi.... Avec toi.... » A peine eut-elle fini qu'Ourson poussa un profond soupir, ouvrit les yeux, aperçut Violette, et, lui saisissant les mains, les porta à ses lèvres en disant :

« Violette,... chère Violette,... il me semble que je sors d'un long rêve! Raconte-moi ce qui s'est passé.... Pourquoi suis-je ici? Pourquoi es-tu pâlie, maigrie?... Tes joues sont creuses comme si tu avais veillé,... tes yeux sont rouges comme si tu avais pleuré....

— Chut! dit Violette; n'éveille pas notre mère qui dort. Voilà bien longtemps qu'elle n'avait

dormi; elle est fatiguée; tu as été bien malade!
— Et toi, Violette, t'es-tu reposée? »

Violette rougit, hésita.

« Comment aurais-je pu dormir, cher Ourson, quand j'étais cause de tes souffrances? »

Ourson se tut à son tour; il la regarda d'un œil attendri et lui baisa les mains. Il lui demanda encore ce qui s'était passé, elle le lui raconta; mais elle était trop modeste et trop réellement dévouée pour lui révéler le prix que la fée avait attaché à sa guérison. Ourson n'en sut donc rien.

Ourson, qui se sentait revenu à la santé, se leva et, s'approchant doucement de sa mère, l'éveilla par un baiser. Agnella crut qu'il avait le délire; elle cria, appela Passerose, et fut fort étonnée quand Violette lui raconta comment Ourson avait été sauvé par la bonne petite fée Drôlette.

A partir de ce jour, Ourson et Violette s'aimèrent plus tendrement que jamais : ils ne se quittaient que lorsque leurs occupations l'exigeaient impérieusement.

VII

LE SANGLIER

Il y avait deux ans que ces événements s'étaient passés. Un jour, Ourson avait été couper du bois dans la forêt; Violette devait lui porter son dîner et revenir le soir avec lui.

A midi, Passerose mit au bras de Violette un panier qui contenait du vin, du pain, un petit pot de beurre, du jambon et des cerises. Violette partit avec empressement; la matinée lui avait paru bien longue, et elle était impatiente de se retrouver avec son cher Ourson. Pour abréger la route, elle s'enfonça dans la forêt, qui se composait de grands arbres sous lesquels on passait facilement. Il n'y avait ni ronces ni épines; une mousse épaisse couvrait la terre. Violette marchait légèrement; elle était contente d'avoir pris le chemin le plus court.

Arrivée à la moitié de sa course, elle entendit le bruit d'un pas lourd et précipité, mais encore trop éloigné pour qu'elle pût savoir ce que c'était. Après quelques secondes d'attente, elle vit un énorme Sanglier qui se dirigeait vers elle. Il semblait irrité, il labourait la terre de ses défenses, il écorchait les arbres sur son passage; son souffle bruyant s'entendait aussi distinctement que sa marche pesante.

Violette ne savait si elle devait fuir ou se cacher. Pendant qu'elle hésitait, le Sanglier l'aperçut, s'arrêta. Ses yeux flamboyaient, ses défenses claquaient, ses poils se hérissaient. Il poussa un cri rugissant et s'élança sur Violette.

Par bonheur, près d'elle se trouvait un arbre vert dont les branches étaient à sa hauteur. Elle en saisit une des deux mains, sauta dessus et grimpa de branche en branche jusqu'à ce qu'elle fût à l'abri des attaques du Sanglier. A peine était-elle en sûreté que le Sanglier se précipita de tout son poids contre

Pendant qu'elle chantait, le Sanglier l'aperçut.

l'arbre qui servait de refuge à Violette. Furieux de ne pouvoir assouvir sa rage, il dépouilla le tronc de son écorce, et lui donna de si vigoureux coups de boutoir que Violette eut peur; l'ébranlement causé par ces secousses violentes et répétées pouvait la faire tomber. Elle se cramponna aux branches. Le Sanglier se lassa enfin de ses attaques inutiles et se coucha au pied de l'arbre, lançant de temps à autre des regards flamboyants sur Violette.

Plusieurs heures se passèrent ainsi : Violette, tremblante et immobile; le Sanglier tantôt calme, tantôt dans une rage effroyable, sautant sur l'arbre, le déchirant avec ses défenses.

Violette appelait à son secours son frère, son Ourson chéri. A chaque nouvelle attaque du Sanglier, elle renouvelait ses cris; mais Ourson était bien loin, il n'entendait pas : personne ne venait à son aide.

Le découragement la gagnait; la faim se faisait sentir. Elle avait jeté le panier de provisions pour grimper à l'arbre; le Sanglier l'avait piétiné et avait écrasé, broyé tout ce qu'il contenait.

Pendant que Violette était en proie à la terreur et qu'elle appelait vainement du secours, Ourson s'étonnait de ne voir arriver ni Violette ni son dîner.

« M'aurait-on oublié?... se dit-il. Non; ni ma mère ni Violette ne peuvent m'avoir oublié.... C'est moi qui me serai mal exprimé.... Elles croient sans doute que je dois revenir dîner à la maison!... Elles m'attendent! elles s'inquiètent peut-être!... »

A cette pensée, Ourson abandonna son travail,

et reprit précipitamment le chemin de la maison. Lui aussi, il voulut abréger la route en marchant à travers bois. Bientôt il crut entendre des cris plaintifs. Il s'arrêta,... écouta.... Son cœur battait violemment; il avait cru reconnaître la voix de Violette.... Mais non... plus rien.... Il allait reprendre sa marche, lorsqu'un cri, plus distinct, plus perçant, frappa son oreille;... plus de doute, c'était Violette, sa Violette qui était en péril, qui appelait Ourson. Il courut du côté d'où partait la voix. En approchant il entendit non plus des cris, mais des gémissements, puis des grondements accompagnés de cris féroces et de coups violents.

Le pauvre Ourson courait, courait avec la vitesse du désespoir. Il aperçut enfin le Sanglier ébranlant de ses coups de boutoir l'arbre sur lequel était Violette, pâle, défaite, mais en sûreté. Cette vue-là lui donna des forces; il invoqua la protection de la bonne fée Drôlette et courut sur le Sanglier sa hache à la main. Le Sanglier dans sa rage soufflait bruyamment; il faisait claquer l'une contre l'autre des défenses formidables, et à son tour il s'élança sur Ourson. Celui-ci esquiva l'attaque en se jetant de côté. Le Sanglier passa outre, s'arrêta, se retourna plus furieux que jamais et revint sur Ourson qui avait repris haleine et qui, sa hache levée, attendait l'ennemi.

Le Sanglier fondit sur Ourson et reçut sur la tête un coup assez violent pour la fendre en deux; mais telle était la dureté de ses os, qu'il n'eut même pas l'air de le sentir.

Le Sanglier se précipita contre l'arbre. (Page 237.)

La violence de l'attaque renversa Ourson. Le Sanglier, voyant son ennemi à terre, ne lui donna pas le temps de se relever, et, sautant sur lui, le laboura de ses défenses et chercha à le mettre en pièces.

Pendant qu'Ourson se croyait perdu et que, s'oubliant lui-même, il demandait à la fée de sauver Violette; pendant que le Sanglier triomphait et piétinait son ennemi, un chant ironique se fit entendre au-dessus des combattants. Le Sanglier frissonna, quitta brusquement Ourson, leva la tête et vit une Alouette qui voltigeait au-dessus d'eux : elle continuait son chant moqueur. Le Sanglier poussa un cri rauque, baissa la tête et s'éloigna à pas lents sans même se retourner.

Violette, à la vue du danger d'Ourson, s'était évanouie et était restée accrochée aux branches de l'arbre.

Ourson, qui se croyait déchiré en mille lambeaux, osait à peine essayer un mouvement; mais, voyant qu'il ne sentait aucune douleur, il se releva promptement pour secourir Violette. Il remercia en son cœur la fée Drôlette, à laquelle il attribuait son salut; au même instant, l'Alouette vola vers lui, lui becqueta doucement la joue et lui dit à l'oreille :

« Ourson, c'est la fée Rageuse qui a envoyé ce Sanglier; je suis arrivée à temps pour te sauver. Profite de la reconnaissance de Violette; change de peau avec elle; elle y consentira avec joie.

— Jamais, répondit Ourson; plutôt mourir et rester ours toute ma vie. Pauvre Violette ! je serais un lâche si j'abusais ainsi de sa tendresse pour moi.

— Au revoir, entêté! dit l'Alouette en s'envolant et en chantant; au revoir. Je reviendrai... et alors....

— Alors comme aujourd'hui », pensa Ourson.

Et il monta à l'arbre, prit Violette dans ses bras, redescendit avec elle, la coucha sur la mousse et lui bassina le front avec un reste de vin qui se trouvait dans une bouteille brisée. Presque immédiatement, Violette se ranima; elle ne pouvait en croire ses yeux lorsqu'elle vit Ourson, vivant et sans blessure, agenouillé près d'elle et lui bassinant le front et les tempes.

« Ourson, cher Ourson! encore une fois tu m'as sauvé la vie! Dis-moi, ah! dis-moi ce que je puis faire pour te témoigner ma profonde reconnaissance.

— Ne parle pas de reconnaissance, ma Violette chérie; n'est-ce pas toi qui me donnes le bonheur? Tu vois donc qu'en te sauvant je sauve mon bien et ma vie.

— Ce que tu dis là est d'un tendre et aimable frère, cher Ourson; mais je n'en désire pas moins être à même de te rendre un service réel, signalé, qui te prouve toute la tendresse et toute la reconnaissance dont mon cœur est rempli pour toi.

— Bon, bon, nous verrons cela, dit Ourson en riant. En attendant, songeons à vivre. Tu n'as rien mangé depuis ce matin, pauvre Violette, car je vois à terre les débris des provisions que tu

Le Sanglier fondit sur Garçon. (Page 238.)

apportais sans doute pour notre dîner. Il est tard, le jour baisse. Si nous pouvions revenir à la ferme avant la nuit ! »

Violette essaya de se lever ; mais la terreur, le manque prolongé de nourriture, l'avaient tellement affaiblie qu'elle retomba à terre.

« Je ne puis me soutenir, Ourson ; je suis faible ; qu'allons-nous devenir ? »

Ourson était fort embarrassé ; il ne pouvait porter si loin Violette, déjà grande et sortie de l'enfance, ni la laisser seule, exposée aux attaques des bêtes féroces qui habitaient la forêt ; il ne pouvait pourtant la laisser sans nourriture jusqu'au lendemain.

Dans cette perplexité, il vit tomber un paquet à ses pieds ; il le ramassa, l'ouvrit et y trouva un pâté, un pain, un flacon de vin.

Il devina la fée Drôlette, et, le cœur plein de reconnaissance, il s'empressa de porter le flacon aux lèvres de Violette ; une seule gorgée de vin, qui n'avait pas son pareil, rendit à Violette une partie de ses forces ; le pâté et le pain achevèrent de la réconforter ainsi qu'Ourson, qui fit honneur au repas. Tout en mangeant, ils s'entretenaient de leurs terreurs passées et de leur bonheur présent.

Cependant la nuit était venue ; ni Violette ni Ourson ne savaient de quel côté tourner leurs pas pour revenir à la ferme. Ils étaient au beau milieu du bois ; Violette était adossée à l'arbre qui lui avait servi de refuge contre le Sanglier ; elle n'osait le quitter, de crainte de ne pas retrouver dans l'obscurité une place aussi commode.

« Eh bien, chère Violette, ne t'alarme pas; il fait beau, il fait chaud. Tu es mollement étendue sur une mousse épaisse; passons la nuit où nous sommes; je te couvrirai de mon habit et je me coucherai à tes pieds pour te préserver de tout danger et de toute terreur. Maman et Passerose ne s'inquiéteront pas. Elles ignorent les dangers que nous avons courus, et tu sais qu'il nous est arrivé bien des fois, par une belle soirée comme aujourd'hui, de rentrer après qu'elles étaient couchées. »

Violette consentit volontiers à passer la nuit dans la forêt, d'abord parce qu'ils ne pouvaient faire autrement, ensuite parce qu'elle n'avait jamais peur avec Ourson, et qu'elle trouvait toujours bon ce qu'il avait décidé.

Ourson arrangea donc de son mieux le lit de mousse de Violette; il se dépouilla de son habit et l'en couvrit malgré sa résistance; ensuite, après avoir vu les yeux de Violette se fermer et le sommeil envahir tous ses sens, il s'étendit à ses pieds et ne tarda pas lui-même à s'endormir profondément.

Ourson était fatigué. Le lendemain, ce fut Violette qui s'éveilla la première. Il faisait jour; elle sourit en voyant l'attitude menaçante d'Ourson qui, la hache serrée dans la main droite, semblait défier tous les sangliers de la forêt. Elle se leva sans bruit et se mit à la recherche du chemin à suivre pour regagner la ferme.

Pendant qu'elle rôdait aux environs de l'arbre qui l'avait abritée contre l'humidité de la nuit, Ourson se réveilla, et, ne voyant pas Violette, il fut debout en un instant; il l'appela d'une voix étouffée par la frayeur.

« Me voici, me voici, cher frère, répondit-elle en accourant; je cherchais le chemin de la ferme. Mais qu'as-tu donc? tu trembles.

— Je te croyais enlevée par quelque méchante fée, chère Violette, et je me reprochais de m'être laissé aller au sommeil. Te voilà gaie et bien portante : je suis rassuré et heureux. Partons maintenant; partons vite, afin d'arriver avant le réveil de notre mère et de Passerose. »

Ourson connaissait la forêt; il retrouva promptement la direction de la ferme, et ils y arrivèrent quelques minutes avant qu'Agnella et Passerose fussent éveillées. Ils étaient convenus de cacher à leur mère les dangers qu'ils avaient courus, afin de lui éviter les angoisses de l'inquiétude pour l'avenir. Passerose fut seule dans le secret de leurs aventures de la veille.

VIII

L'INCENDIE

Ourson ne voulait plus que Violette allât seule dans la forêt; elle ne lui portait plus son dîner; il revenait manger à la maison. Violette ne s'éloignait jamais de la ferme sans Ourson.

Trois ans après l'événement de la forêt, Ourson vit arriver de grand matin Violette pâle et défaite; elle le cherchait.

« Viens, viens, dit-elle en l'entraînant au dehors, j'ai à te parler,... à te raconter.... Oh! viens. »

Ourson inquiet la suivit précipitamment.

« Qu'est-ce donc, chère Violette? Pour l'amour du ciel, parle-moi, rassure-moi. Que puis-je pour toi?

— Rien, rien, cher Ourson, tu ne peux rien.... Écoute-moi. Te souviens-tu de mon rêve d'enfant? de Crapaud? de rivière? de danger? Eh bien, cette nuit, j'ai rêvé encore.... C'est terrible,... terrible. Ourson, cher Ourson, ta vie est menacée. Si tu meurs, je meurs.

— Comment! Par qui ma vie est-elle menacée?

— Écoute.... Je dormais. Un Crapaud!... encore un Crapaud, toujours un Crapaud! Un Crapaud vint à moi, et me dit :

« Le moment approche où ton cher Ourson doit
« retrouver sa peau naturelle; c'est à toi qu'il
« devra ce changement. Je le hais, je te hais. Vous
« ne serez pas heureux l'un par l'autre; Ourson
« périra, et toi, tu ne pourras accomplir le sacrifice
« auquel aspire ta sottise! Sous peu de jours, sous
« peu d'heures peut-être, je tirerai de vous tous
« une vengeance éclatante. Au revoir! Entends-tu?
« au revoir! »

« Je m'éveillai : je retins un cri prêt à m'échapper, et je vis, comme je l'ai vu le jour où tu m'as sauvée de l'eau, je vis ce hideux Crapaud, posé en dehors de la croisée, qui me regardait d'un œil menaçant. Il disparut, me laissant plus morte que vive. Je me levai, je m'habillai, et je viens te trouver, mon frère, mon ami, pour te prémunir contre la méchanceté de la fée Rageuse, et pour te supplier de recourir à la bonne fée Drôlette. »

Ourson l'avait écoutée avec terreur; ce n'était pas le sort dont il était menacé qui causait son effroi; c'était le sacrifice qu'annonçait Rageuse, et qu'il ne comprenait que trop bien. La seule pensée que sa charmante, sa bien-aimée Violette, s'affublât de sa peau d'ours par dévouement pour lui, le faisait trembler, le faisait mourir. Son angoisse se peignit dans son regard; car Violette, qui l'examinait avidement, se jeta à son cou en sanglotant :

« Hélas mon frère bien-aimé! tu me seras bientôt ravi! Toi qui ne connais pas la peur, tu trembles! Toi qui me rassures et me soutiens dans toutes mes terreurs, tu ne trouves pas une parole pour ranimer mon courage! toi qui luttes contre les dangers les plus terribles, tu courbes la tête, tu te résignes!

— Non, ma Violette, ce n'est pas la peur qui me fait trembler, ce n'est pas la peur qui cause mon trouble; c'est une parole de la fée Rageuse dont tu ne comprends pas le sens, mais dont moi je sais toute la portée; c'est une menace adressée à toi, ma Violette; c'est pour toi que je tremble! »

Violette devina d'après ces mots que le moment du sacrifice était venu, qu'elle allait être appelée à tenir la promesse qu'elle avait faite à la fée Drôlette. Au lieu de frémir, elle en ressentit de la joie; elle pourrait enfin reconnaître le dévouement, la tendresse incessante de son cher Ourson, lui être utile à son tour. Elle ne répondit donc rien aux craintes exprimées par Ourson; seulement elle le remercia, lui parla plus tendrement que jamais, en songeant que bientôt peut-être elle serait séparée de lui par la mort. Ourson avait la même pensée. Tous deux invoquèrent avec ardeur la protection de la fée Drôlette; Ourson l'appela même à haute voix, mais elle ne répondit pas à son appel.

La journée se passa tristement. Ni Ourson ni Violette n'avaient parlé à Agnella du sujet de leurs inquiétudes, de crainte d'aggraver sa tristesse, qui augmentait à mesure que son cher Ourson prenait des années.

« Déjà vingt ans! pensait-elle. S'il persiste à ne voir personne et à ne pas vouloir changer de peau avec Violette, qui ne demanderait pas mieux, j'en suis bien sûre, il n'y a pas de raison pour qu'il ne conserve pas sa peau d'ours jusqu'à sa mort! »

Et Agnella pleurait, pleurait souvent, mais ses larmes ne remédiaient à rien.

Le jour du rêve de Violette, Agnella avait aussi rêvé. La fée Drôlette lui avait apparu.

« Courage, reine! lui avait-elle dit; sous peu de jours, Ourson aura perdu sa peau d'ours. Vous pourrez lui donner le nom de prince Merveilleux. »

Agnella s'était réveillée pleine d'espoir et de bonheur. Elle redoubla de tendresse pour Violette, dans la pensée que ce serait à elle qu'elle serait redevable du bonheur de son fils.

Tout le monde alla se coucher avec des sentiments différents : Violette et Ourson, pleins d'inquiétude pour l'avenir qu'ils entrevoyaient si menaçant; Agnella, pleine de joie de ce même avenir qui lui apparaissait prochain et heureux; Passerose, pleine d'étonnement d'une tristesse et d'une joie dont elle ignorait les causes. Chacun s'endormit : Violette après avoir pleuré, Ourson après avoir invoqué la fée Drôlette, Agnella après avoir souri en songeant à Ourson beau et heureux, Passerose après s'être demandé cent fois : « Mais qu'ont-ils donc aujourd'hui ? »

Il y avait une heure à peine que tout dormait à la ferme, lorsque Violette fut réveillée par une odeur de brûlé. Agnella s'éveilla en même temps.

« Mère, dit Violette, ne sentez-vous rien ?

— La maison brûle, dit Agnella. Regarde, quelle clarté ! »

Elles sautèrent à bas de leurs lits, et coururent dans la salle; les flammes l'avaient déjà envahie, ainsi que les chambres voisines.

« Ourson ! Passerose ! cria Agnella.

— Ourson ! Ourson ! » cria Violette.

Passerose se précipita à moitié vêtue dans la salle.

« Nous sommes perdus, Madame! Les flammes ont gagné toute la maison; les portes, les fenêtres sont closes; impossible de rien ouvrir.

— Mon fils! mon fils! cria Agnella.

— Mon frère! mon frère! » cria Violette.

Elles coururent aux portes; tous leurs efforts réunis ne purent les ébranler, elles semblaient murées; il en fut de même des fenêtres.

« Oh! mon rêve! murmura Violette. Cher Ourson, adieu pour toujours! »

Ourson avait été éveillé aussi par les flammes et par la fumée; il couchait en dehors de la ferme, près de l'étable. Son premier mouvement fut de courir à la porte extérieure de la maison; mais lui aussi ne put l'ouvrir, malgré sa force extraordinaire. La porte aurait dû se briser sous ses efforts: elle était évidemment maintenue par la fée Rageuse. Les flammes gagnaient partout. Ourson se précipita sur une échelle, pénétra à travers les flammes dans un grenier par une fenêtre ouverte; descendit dans la chambre où sa mère et Violette, attendant la mort, se tenaient étroitement embrassées; avant qu'elles eussent eu le temps de se reconnaître, il les saisit dans ses bras, et, criant à Passerose de le suivre, il reprit en courant le chemin du grenier, descendit l'échelle avec sa mère dans un bras, Violette dans l'autre, et, suivis de Passerose, ils arrivèrent à terre au moment où l'échelle et le grenier devenaient la proie des flammes.

Ourson déposa Agnella et Violette à quelque

Mais Ourson ne put ouvrir la porte.

distance de l'incendie. Passerose n'avait pas perdu la tête : elle arrivait avec un paquet de vêtements qu'elle avait rassemblés à la hâte dès le commencement de l'incendie.

Agnella et Violette s'étaient sauvées nu-pieds et en toilette de nuit; ces vêtements furent donc bien utiles pour les couvrir et les garantir du froid.

Après avoir remercié avec chaleur et tendresse l'intrépide Ourson, qui leur avait sauvé la vie au péril de la sienne, elles félicitèrent aussi Passerose de sa prévoyance.

« Voyez, dit Passerose, l'avantage de ne pas perdre la tête! Pendant que vous ne songiez toutes deux qu'à votre Ourson, je faisais mon paquet des objets qui vous étaient les plus nécessaires.

— C'est vrai; mais à quoi aurait servi ton paquet, ma bonne Passerose, si ma mère et Violette avaient péri?

— Oh! je savais bien que vous ne les laisseriez pas brûler vives! Est-on jamais en danger avec vous? Ne voilà-t-il pas la troisième fois que vous sauvez Violette? »

Violette serra vivement les mains d'Ourson et les porta à ses lèvres. Agnella l'embrassa et lui dit :

« Chère Violette, Ourson est heureux de ta tendresse, qui le paye largement de ce qu'il a fait pour toi. Je suis assurée que, de ton côté, tu serais heureuse de te sacrifier pour lui, si l'occasion s'en présentait. »

Avant que Violette pût répondre, Ourson reprit vivement :

« Ma mère, de grâce, ne parlez pas à Violette de se sacrifier pour moi ; vous savez combien j'en serais malheureux ! »

Au lieu de répondre à Ourson, Agnella porta la main à son front avec anxiété :

« La cassette, Passerose ! la cassette ! as-tu sauvé la cassette ?

— Je l'ai oubliée, Madame », dit Passerose.

Le visage d'Agnella exprima une si vive contrariété, qu'Ourson la questionna sur cette précieuse cassette dont elle semblait si préoccupée.

« C'était un présent de la fée ; elle m'a dit que le bonheur de Violette y était renfermé. Cette cassette était dans mon armoire, au chevet de mon lit. Hélas ! par quelle fatalité n'ai-je pas songé à la sauver. »

A peine avait-elle achevé sa phrase, que le brave Ourson s'élança vers la ferme embrasée, et, malgré les larmes et les supplications d'Agnella, de Violette et de Passerose, il disparut dans les flammes après avoir crié :

« Vous aurez la cassette, mère, ou j'y périrai ! »

Un silence lugubre suivit la disparition d'Ourson. Violette était tombée à genoux, les bras étendus vers la ferme qui brûlait. Agnella, les mains jointes, regardait d'un œil terrifié l'ouverture par laquelle Ourson était entré. Passerose restait immobile, le visage caché dans ses mains.

Quelques secondes se passèrent ; elles parurent

des siècles aux trois femmes qui attendaient la mort ou la vie. Ourson ne paraissait pas. Le craquement du bois brûlé, le ronflement des flammes, augmentaient de violence. Tout à coup un bruit terrible, affreux, fit pousser à Violette et à Agnella un cri de désespoir.

Toute la toiture s'était écroulée, tout brûlait; Ourson restait enseveli sous les décombres, écrasé par les solives, calciné par le feu.

Un silence de mort succéda bientôt à cette sinistre catastrophe.... Les flammes diminuèrent, s'éteignirent; aucun bruit ne troubla plus le désespoir d'Agnella et de Violette.

Violette était tombée dans les bras d'Agnella; toutes deux sanglotèrent longtemps en silence. Le jour vint. Passerose contemplait ces ruines fumantes et pleurait. Le pauvre Ourson y était enseveli, victime de son courage et de son dévouement. Agnella et Violette pleuraient toujours amèrement; elles ne semblaient ni entendre ni comprendre ce qui se passait autour d'elles.

« Éloignons-nous d'ici », dit enfin Passerose.

Ni Agnella ni Violette ne répondirent.

Passerose voulut emmener Violette.

« Venez, dit-elle, venez, Violette, chercher avec moi un abri pour ce soir; la journée est belle....

— Que m'importe un abri? sanglota Violette. Que m'importe le soir, le matin? Il n'est plus de belles journées pour moi! Le soleil ne luira plus que pour éclairer ma douleur!

— Mais, si nous restons ici à pleurer, nous

mourrons de faim, Violette, et, malgré notre chagrin, il faut bien songer aux nécessités de la vie.

— Autant mourir de faim que mourir de douleur. Je ne m'écarterai pas de la place où j'ai vu pour la dernière fois mon cher Ourson, où il a péri victime de sa tendresse pour nous. »

Passerose leva les épaules; elle se souvint de la vache dont l'étable n'avait pas été brûlée; elle y courut, tira son lait, en but une tasse et voulut vainement en faire prendre à Agnella et à Violette.

Agnella se releva pourtant et dit à Violette d'un ton solennel :

« Ta douleur est juste, ma fille, car jamais un cœur plus noble, plus généreux, n'a battu dans un corps humain. Il t'a aimée plus que lui-même : pour t'épargner une douleur, il a sacrifié son bonheur. »

Et Agnella raconta à Violette la scène qui précéda la naissance d'Ourson, la faculté qu'aurait eue Violette de le délivrer de sa difformité en l'acceptant pour elle-même, et la prière instante d'Ourson de ne jamais laisser entrevoir à Violette la possibilité d'un pareil sacrifice.

Il est facile de comprendre les sentiments de tendresse, d'admiration, de regret poignant, qui remplirent le cœur de Violette après cette confidence ; elle pleura plus amèrement encore.

« Et maintenant, mes filles, continua Agnella, il nous reste un dernier devoir à remplir : c'est de donner la sépulture à mon fils. Déblayons ces décombres, enlevons ces cendres ; et, quand nous aurons trouvé les restes de notre bien-aimé Ourson.... »

Les sanglots lui coupèrent la parole ; elle ne put achever.

X

LE PUITS

Agnella, Violette et Passerose se dirigèrent lentement vers les murs calcinés de la ferme. Avec le courage du désespoir, elles travaillèrent à enlever les décombres fumants ; deux jours se passèrent avant qu'elles eussent tout déblayé ; aucun vestige du pauvre Ourson n'apparaissait ; et pourtant elles avaient enlevé morceau par morceau, poignée par poignée, tout ce qui recouvrait le sol. En soulevant les dernières planches demi-brûlées, Violette aperçut avec surprise une ouverture, qu'elle dégagea précipitamment : c'était l'orifice d'un puits. Son cœur battit avec violence ; un vague espoir s'y glissait.

« Ourson ! dit-elle d'une voix éteinte.

— Violette, Violette chérie ; je suis là ; je suis sauvé ! »

Violette ne répondit que par un cri étouffé ; elle perdit connaissance et tomba dans le puits qui renfermait son cher Ourson. Si la bonne fée Drôlette n'avait protégé sa chute, Violette se serait brisé la tête et les membres contre les parois du puits; mais la fée Drôlette, qui leur avait déjà rendu tant de services, soutint Violette et la fit arriver doucement aux pieds d'Ourson.

La connaissance revint bien vite à Violette. Ni l'un ni l'autre ne pouvait croire à tant de bonheur! Ni l'un ni l'autre ne se lassait de donner et de recevoir les plus tendres assurances d'affection! Ils furent tirés de leur extase par les cris de Passerose, qui, ne voyant plus Violette et la cherchant dans les ruines, avait trouvé le puits découvert; regardant au fond, elle avait aperçu la robe blanche de Violette et s'était figuré que Violette s'était précipitée à dessein dans le puits et y avait trouvé la mort qu'elle cherchait. Passerose criait à se briser les poumons; Agnella arrivait lentement, pour connaître la cause de ces cris.

« Tais-toi, Passerose, lui dit Ourson en élevant la voix; tu vas effrayer notre mère. Je suis ici avec Violette; nous sommes bien, nous ne manquons de rien.

— Bonheur, bonheur ! cria Passerose; les voilà; les voilà!... Madame, Madame, venez donc!... Plus vite, plus vite!... Ils sont là, ils sont bien; ils ne manquent de rien. »

Agnella, pâle, demi-morte, écoutait Passerose sans comprendre. Tombée à genoux, elle n'avait plus la force de se relever. Mais quand elle entendit la voix de son cher Ourson qui appelait : « Mère, chère mère, votre pauvre Ourson vit encore », elle bondit vers l'ouverture du puits, et s'y serait précipitée, si Passerose ne l'avait saisie dans ses bras et ne l'avait vivement tirée en arrière.

« Pour l'amour de lui, chère reine, n'allez pas vous jeter dans ce trou; vous vous y tueriez. Je vais vous l'avoir, ce cher Ourson, avec sa Violette. »

Agnella, tremblante de bonheur, comprit la sagesse du conseil de Passerose. Elle resta immobile, palpitante, pendant que Passerose courait chercher une échelle.

Passerose fut longtemps absente. Il faut l'excuser, car elle aussi était un peu troublée. Au lieu de l'échelle, elle saisissait une corde, puis une fourche, puis une chaise. Elle pensa même, un instant, à faire descendre la vache au fond du puits, pour que le pauvre Ourson pût boire du lait tout chaud. Enfin, elle trouva cette échelle qui était là devant elle, sous sa main, et qu'elle ne voyait pas.

Pendant que Passerose cherchait l'échelle, Ourson et Violette ne cessaient de causer de leur bonheur, de se raconter leur désespoir, leurs angoisses.

« Je passai heureusement à travers les flammes, dit Ourson; je cherchai à tâtons l'armoire de ma mère; la fumée me suffoquait et m'aveuglait, lorsque je me sentis enlever par les cheveux et précipiter au fond de ce puits où tu es venue me rejoindre, chère Violette. Au lieu d'y trouver de l'eau ou de l'humidité, j'y sentis une douce fraîcheur. Un tapis moelleux en garnissait le fond, comme tu peux le voir encore; une lumière suffisante m'éclairait; je trouvai près de moi des provisions que voici, mais auxquelles je n'ai pas touché ; quelques gorgées de vin m'ont suffi. La certitude de ton désespoir et de celui de notre mère me rendait si malheureux, que la fée Drôlette eut pitié de moi : elle m'apparut sous tes traits, chère Violette. Je la pris pour toi, et je m'élançai pour te saisir dans mes bras, mais je ne trouvai qu'une forme vague comme l'air, comme la vapeur. Je pouvais la voir, mais je ne pouvais la toucher.

« Ourson, me dit la fée en riant, je ne suis pas
« Violette ; j'ai pris ses traits pour mieux te té-
« moigner mon amitié. Rassure-toi, tu la verras
« demain. Elle pleure amèrement parce qu'elle te
« croit mort, mais demain je te l'enverrai ; elle
« te fera une visite au fond de ton puits ; elle
« t'accompagnera quand tu sortiras de ce tombeau,
« et tu verras ta mère, et le ciel, et ce beau soleil
« que ni ta mère ni Violette ne veulent plus con-
« templer, mais qui leur paraîtra bien beau quand
« tu seras près d'elles. Tu reviendras plus tard
« dans ce puits ; il contient ton bonheur.

« — Mon bonheur ? répondis-je à la fée. Quand
« j'aurai retrouvé ma mère et Violette, j'aurai
« retrouvé tout mon bonheur.

« — Crois ce que je te dis ; ce puits contient ton
« bonheur et celui de Violette.

« — Le bonheur de Violette, Madame, est de
« vivre près de moi et de ma mère. »

— Ah ! que tu as bien répondu, cher Ourson, interrompit Violette. Mais que dit la fée ?

« — Je sais ce que je dis, me répondit-elle.

« Ourson, dit la fée, je ne suis pas Violette. »

« Sous peu de jours, il manquera quelque chose à
« ton bonheur. C'est ici que tu le trouveras. Au
« revoir, Ourson!

« — Au revoir, Madame! et bientôt, j'espère....

« — Quand tu me reverras, tu ne seras guère
« content, mon pauvre enfant, et tu voudras bien
« alors ne m'avoir jamais vue. Silence et adieu! »

« Et elle s'envola en riant, laissant après elle
un parfum délicieux et quelque chose de suave, de
bienfaisant, qui répandait le calme dans mon cœur.
Je ne souffrais plus, je t'attendais. »

Violette, à son tour, avait mieux compris pourquoi le retour de la fée ne serait pas bien vu
d'Ourson. Depuis que la confidence d'Agnella lui
avait révélé la nature du sacrifice qu'elle pouvait
s'imposer, elle était décidée à l'accomplir malgré
la résistance inévitable d'Ourson. Elle ne songeait
qu'au bonheur de lui donner un immense témoignage d'affection. Cette espérance doublait sa joie
de l'avoir retrouvé.

Quand Ourson eut fini son récit, ils entendirent
la voix éclatante de Passerose, qui lui criait :

« Voilà, voilà l'échelle, mes enfants.... Je vous
la descends.... Prenez garde qu'elle ne vous tombe
sur la tête.... Vous devez avoir des provisions;
montez-les donc, s'il vous plaît; nous sommes un
peu à court là-haut. Depuis deux jours je n'ai avalé
que du lait et de la poussière; votre mère et Violette n'ont vécu que d'air et de leurs larmes....
Doucement donc.... Prenez garde de briser les
échelons.... Madame, Madame, les voici : voici la

tête d'Ourson et celle de Violette.... Bon; enjambez; vous y voilà ! »

Agnella, toujours pâle et tremblante, ne bougeait pas plus qu'une statue. Après avoir vu Violette en sûreté, Ourson sauta hors du puits et se précipita dans les bras de sa mère, qui le couvrit de larmes et de baisers. Elle le tint longtemps embrassé; le voir là quand elle l'avait cru mort lui semblait un rêve. Enfin Passerose termina cette scène d'attendrissement en saisissant Ourson et en lui disant :

« A mon tour donc! On m'oublie parce que je ne m'inonde pas de mes larmes, parce que j'ai conservé ma tête et mes forces. N'est-ce pas moi pourtant qui vous ai fait sortir de ce vilain trou où vous étiez si bien, disiez-vous?

— Oui, oui, ma bonne Passerose, je t'aime bien, crois-le, et je te remercie de nous avoir tirés du puits où j'étais, en effet, si bien depuis que ma chère Violette y était descendue.

— A propos, mais j'y pense, dites-moi donc, Violette, comment êtes-vous descendue là dedans sans vous tuer?

— Je n'y suis pas descendue, Passerose, j'y suis tombée; Ourson m'a reçue dans ses bras.

— Tout cela n'est pas clair, dit Passerose; il y a de la fée là dedans.

— Oui, mais c'est la bonne et aimable fée, dit Ourson. Puisse-t-elle l'emporter toujours sur sa méchante sœur! »

Tout en causant, chacun commença à sentir des

tiraillements d'estomac qui indiquaient clairement qu'on avait besoin de dîner. Ourson avait laissé au fond du puits les provisions de la fée. Pendant qu'on s'embrassait encore et qu'on pleurait un peu par souvenir, Passerose, sans dire mot, descendit dans le puits et remonta bientôt avec les provisions, qu'elle plaça en dehors de la maison sur une botte de paille ; elle apporta autour de cette table improvisée quatre autres bottes qui devaient servir de sièges.

« Le dîner est servi, dit-elle, venez manger. Nous en avons tous besoin ; la pauvre madame et Violette tombent d'inanition. Ourson a bu, mais il n'a pas mangé. Voici un pâté, voici un jambon, du pain ! du vin ! Vive la bonne fée ! »

Agnella, Violette et Ourson ne se le firent pas dire deux fois ; ils se mirent gaiement à table. L'appétit était bon, le repas excellent ; le bonheur brillait sur tous les visages. On causait, on riait, on se serrait les mains, on était heureux.

Quand le dîner fut terminé, Passerose s'étonna que la fée n'eût pas pourvu à leurs besoins.

« Voyez, dit-elle, la maison reste en ruines ; tout nous manque. L'étable est notre seul abri, la paille notre seul coucher, les provisions du puits sont notre seule nourriture. Jadis tout arrivait avant même qu'on eût le temps de le demander. »

Agnella regarda vivement sa main : l'anneau n'y était plus !... Il fallait désormais gagner son pain à la sueur de son front. Ourson et Violette, voyant son air triste, lui en demandèrent la cause.

« Hélas! mes enfants, vous me trouverez sans doute bien ingrate, au milieu de notre bonheur, de m'inquiéter de l'avenir! Mais je m'aperçois que dans l'incendie j'ai perdu la bague que m'a donnée la fée et qui devait fournir à toutes nos nécessités, tant que je l'aurais à mon doigt. Je ne l'ai plus; qu'allons-nous faire?

— Pas d'inquiétude, chère mère. Ne suis-je pas grand et fort? Je chercherai de l'ouvrage, et vous vivrez de mon salaire.

— Et moi donc, dit Violette, ne puis-je aussi aider ma bonne mère et notre chère Passerose? En cherchant de l'ouvrage pour toi, Ourson, tu en trouveras pour moi aussi.

— Je vais en chercher de ce pas, dit Ourson, Adieu, mère; au revoir, Violette. »

Et, leur baisant les mains, il partit d'un pas léger.

Il ne prévoyait guère, le pauvre Ourson, l'accueil qui l'attendait dans les trois maisons où il demanderait de l'occupation.

X

LA FERME, LE CHATEAU, L'USINE

Ourson marcha près d'une heure avant d'arriver à une grande et belle ferme où il espéra trouver le

« Je ne suis pas un ours, mais le pauvre garçon. » (Page 271.)

travail qu'il demandait. Il voyait de loin le fermier et sa famille assis devant le seuil de leur porte et prenant leur repas.

Il ne s'en trouvait plus qu'à une petite distance, lorsqu'un des enfants, petit garçon de dix ans, l'aperçut. Il sauta de son siège, poussa un cri et s'enfuit dans la maison.

Un second enfant, petite fille de huit ans, entendant le cri de son frère, se retourna également et se mit à jeter des cris perçants.

Toute la famille, imitant alors le mouvement des enfants, se retourna; à la vue d'Ourson, les femmes poussèrent des cris de terreur, les enfants s'enfuirent, les hommes saisirent des bâtons et des fourches, s'attendant à être attaqués par le pauvre Ourson, qu'ils prenaient pour un animal extraordinaire échappé d'une ménagerie.

Ourson, voyant ce mouvement de terreur et d'agression, prit la parole pour dissiper leur frayeur.

« Je ne suis pas un ours, comme vous semblez le croire, Messieurs, mais un pauvre garçon qui cherche de l'ouvrage et qui serait bien heureux si vous vouliez lui en donner. »

Le fermier fut surpris d'entendre parler un ours.

Il ne savait trop s'il devait fuir ou l'interroger; il se décida à lui parler.

« Qui es-tu? d'où viens-tu?

— Je viens de la ferme des Bois, et je suis le fils de la fermière Agnella, répondit Ourson.

— Ah! ah! c'est toi qui, dans ton enfance, allais au marché et faisais peur à nos enfants! Tu as vécu dans les bois; tu t'es passé de notre secours. Pourquoi viens-tu nous trouver maintenant? Va-t'en vivre en ours comme tu as vécu jusqu'ici.

— Notre ferme est brûlée. Je dois faire vivre ma mère et ma sœur du travail de mes mains; c'est pourquoi je viens vous demander de l'ouvrage. Vous serez content de mon travail : je suis vigoureux et bien portant, j'ai bonne volonté; je ferai tout ce que vous me commanderez.

— Tu crois, mon garçon, que je vais prendre à mon service un vilain animal comme toi, qui fera mourir de peur ma femme et mes servantes, tomber en convulsions mes enfants! Pas si bête, mon garçon, pas si bête.... En voilà assez. Va-t'en; laisse-nous finir notre dîner.

— Monsieur le fermier, de grâce, veuillez essayer de mon travail; mettez-moi tout seul : je ne ferai peur à personne; je me cacherai pour que vos enfants ne me voient pas.

— Auras-tu bientôt fini, méchant ours? Pars tout de suite; sinon je te ferai sentir les dents de ma fourche dans tes reins poilus. »

Le pauvre Ourson baissa la tête; une larme d'humiliation et de douleur brilla dans ses yeux. Il s'éloigna à pas lents, poursuivi des gros rires et des huées du fermier et de ses gens.

Quand il fut hors de leur vue, il ne chercha plus à contenir ses larmes; mais, dans son humiliation, dans son chagrin, il ne lui vint pas une fois la

« Pars, sinon je te ferai sentir les dents de ma fourche ! »

pensée que Violette pouvait le débarrasser de sa laide fourrure. Il marcha encore et aperçut un château dont les abords étaient animés par une foule d'hommes qui allaient, venaient et travaillaient tous à des ouvrages différents. Les uns ratissaient, les autres fauchaient, ceux-ci pansaient les chevaux, ceux-là bêchaient, arrosaient, semaient.

« Voilà une maison où je trouverai certainement de l'ouvrage, dit Ourson. Je n'y vois ni femmes ni enfants : les hommes n'auront pas peur de moi, je pense. »

Ourson s'approcha sans qu'on le vît ; il ôta son chapeau et se trouva devant un homme qui paraissait devoir être un intendant.

« Monsieur... », dit-il.

L'homme leva la tête, recula d'un pas quand il vit Ourson, et l'examina avec la plus grande surprise.

« Qui es-tu ? Que veux-tu ? dit-il d'une voix rude.

— Monsieur, je suis le fils de la fermière Agnella, maîtresse de la ferme des Bois.

— Eh bien ! pourquoi viens-tu ici ?

— Notre ferme a brûlé, Monsieur. Je cherche de l'ouvrage pour faire vivre ma mère et ma sœur. J'espérais que vous voudriez bien m'en donner.

— De l'ouvrage ? A un ours ?

— Monsieur, je n'ai de l'ours que l'apparence ; sous cette enveloppe qui vous répugne, bat un cœur d'homme, un cœur capable de reconnaissance et d'affection. Vous n'aurez à vous plaindre ni de mon travail ni de ma bonne volonté. »

Pendant qu'Ourson parlait et que l'intendant l'écoutait d'un air moqueur, il se fit un grand mouvement du côté des chevaux; ils se cabraient, ils ruaient. Les palefreniers avaient peine à les retenir; quelques-uns même s'échappèrent et se sauvèrent dans les champs.

« C'est l'ours, c'est l'ours, criaient les palefreniers; il fait peur aux chevaux! Chassez-le, faites-le partir!

— Va-t'en! » lui cria l'intendant.

Ourson, stupéfait, ne bougeait pas.

« Ah! tu ne veux pas t'en aller! vociféra l'homme. Attends, méchant vagabond, je vais te régaler d'une chasse! Holà! vous autres, courez chercher les chiens.... Lâchez-les sur cet animal.... Allons, qu'on se dépêche.... Le voilà qui détale! »

En effet, Ourson, plus mort que vif de ce cruel accueil, s'en allait en précipitant sa marche; il avait hâte de s'éloigner de ces hommes inhumains et méchants. C'était la seconde tentative manquée. Malgré son chagrin, il ne se découragea pas.

« Il y a encore trois ou quatre heures de jour, dit-il: j'ai le temps de continuer mes recherches. »

Et il se dirigea vers une forge qui était à trois ou quatre kilomètres de la ferme des Bois. Le maître de la forge employait beaucoup d'ouvriers; il donnait de l'ouvrage à tous ceux qui lui en demandaient, non par charité, mais dans l'intérêt de

Ourson se trouva devant l'intendant. (Page 275.)

sa fortune et pour se rendre nécessaire. Il était craint, mais il n'était pas aimé ; il faisait la richesse du pays ; on ne lui en savait pas gré, parce que lui seul en profitait, et qu'il pesait de tout le poids de son avidité et de son opulence sur les pauvres ouvriers qui ne trouvaient de travail que chez ce nouveau marquis de Carabas.

Le pauvre Ourson arriva donc à la forge ; le maître était à la porte, grondant les uns, menaçant les autres, les terrifiant tous.

« Monsieur, dit Ourson en s'approchant, auriez-vous de l'ouvrage à me donner?

— Certainement. J'en ai toujours et à choisir. Quel ouvrage demand.... » Il leva la tête à ces mots, car il avait répondu sans regarder Ourson. Quand il le vit, au lieu d'achever sa phrase, ses yeux étincelèrent de colère et il continua en balbutiant :

« Quelle est cette plaisanterie? Sommes-nous en carnaval, pour qu'un ouvrier se permette une si ridicule mascarade? Veux-tu me jeter à bas ta laide peau d'ours? ou je te fais passer au feu de ma forge pour rissoler tes poils!

— Ce n'est point une mascarade, répondit tristement Ourson ; c'est, hélas ! une peau naturelle, mais je n'en suis pas moins bon ouvrier, et si vous avez la bonté de me donner de l'ouvrage, vous verrez que ma force égale ma bonne volonté.

— Je vais t'en donner, de l'ouvrage, vilain animal! s'écria le maître de forge écumant de colère. Je vais te fourrer dans un sac et je t'enverrai dans une ménagerie; on te jettera dans une fosse avec tes frères les ours. Tu en auras, de l'ouvrage, à te défendre de leurs griffes. Arrière, canaille! disparais, si tu ne veux pas aller à la ménagerie. »

Et, brandissant son bâton, il en eût frappé Ourson, si celui-ci ne se fût promptement esquivé.

XI

LE SACRIFICE

Ourson marcha vers sa demeure, découragé, triste, abattu. Il allait lentement; il arriva tard à la ferme. Violette courut au-devant de lui, lui prit la main, et, sans dire un mot, l'amena devant sa mère. Là elle se mit à genoux et dit :

« Ma mère, je sais ce que notre bien-aimé Ourson a souffert aujourd'hui. En son absence, la fée Rageuse m'a tout conté, la fée Drôlette m'a tout confirmé.... Ma mère, quand vous avez cru Ourson perdu à jamais pour vous, pour moi, vous m'avez révélé ce que, dans sa bonté, il voulait me cacher. Je sais que je puis, en prenant son enveloppe, lui rendre la beauté qu'il devait avoir. Heureuse, cent fois heureuse de pouvoir reconnaître ainsi la tendresse, le dévouement de ce frère bien-aimé, je demande à faire l'échange permis par la bonne fée Drôlette, et je la supplie de l'opérer immédiatement.

— Violette! Violette! s'écria Ourson terrifié. Violette, reprends tes paroles; tu ne sais pas à quoi tu t'engages, tu ignores la vie d'angoisses et de misère, la vie de solitude et d'isolement à laquelle tu te condamnes, la désolation incessante qu'on éprouve de se voir en horreur à tout le genre humain! Ah! Violette, Violette, de grâce, retire tes paroles.

— Cher Ourson, dit Violette avec calme mais avec résolution, en faisant ce que tu crois être un grand sacrifice, j'accomplis le vœu le plus cher à mon cœur, je travaille à mon propre bonheur. Je satisfais à un besoin ardent, impérieux, de te témoigner ma tendresse, ma reconnaissance. Je m'estime en faisant ce que je fais, je me mépriserais en ne le faisant pas.

— Arrête, Violette, un instant encore; réfléchis, songe à ma douleur quand je ne verrai plus ma belle, ma charmante Violette, quand je craindrai pour toi les railleries, l'horreur des hommes. Oh! Violette, ne condamne pas ton pauvre Ourson à cette angoisse. »

Le charmant visage de Violette s'attrista; la crainte de l'antipathie d'Ourson la fit tressaillir; mais ce sentiment tout personnel fut passager; il ne put l'emporter sur sa tendresse si dévouée.

Pour toute réponse elle se jeta dans les bras d'Agnella et dit :

« Mère, embrassez une dernière fois votre Violette blanche et jolie. »

Pendant qu'Agnella, Ourson et Passerose l'embrassaient et la contemplaient avec amour; pendant qu'Ourson, à genoux, la suppliait de lui laisser sa peau d'ours, à laquelle il était habitué depuis vingt ans qu'il en était revêtu, Violette appela encore à haute voix : « Fée Drôlette! fée Drôlette! venez recevoir le prix de la santé et de la vie de mon cher Ourson. »

Au même instant apparut la fée Drôlette dans toute sa gloire, sur un char d'or massif, traîné par cent cinquante alouettes. Elle était vêtue d'une robe en ailes de papillons des couleurs les plus brillantes; sur ses épaules tombait un manteau en réseau de diamants, qui traînait à dix pieds derrière elle, et d'un travail si fin qu'il était léger comme de la gaze. Ses cheveux, luisants comme des soies d'or, étaient surmontés d'une couronne en escarboucles brillantes comme des soleils. Chacune de ses pantoufles était taillée dans un seul rubis. Son joli visage, doux et gai, respirait le contentement; elle arrêta sur Violette un regard affectueux :

« Tu le veux donc, ma fille? dit-elle.

— Madame, s'écria Ourson en tombant à ses pieds, daignez m'écouter. Vous qui m'avez comblé de vos bienfaits, vous qui m'inspirez une si tendre reconnaissance, vous, bonne et juste, exécuterez-vous le vœu insensé de ma chère Violette? voudrez-vous faire le malheur de ma vie en me forçant d'accepter un pareil sacrifice? Non, non, fée charmante, fée chérie, vous ne voudrez pas le faire, vous ne le ferez pas. »

Tandis qu'Ourson parlait ainsi, la fée donna un léger coup de sa baguette de perles sur Violette, un second coup sur Ourson et dit :

« Qu'il soit fait selon le vœu de ton cœur, ma fille!... Qu'il soit fait contre tes désirs, mon fils! »

Au même instant, la figure, les bras, tout le corps de Violette se couvrirent des longs poils soyeux qui avaient quitté Ourson; et Ourson apparut avec une peau blanche et unie qui faisait ressortir son extrême beauté. Violette le regardait avec admiration, pendant que lui, les yeux baissés et pleins de larmes, n'osait envisager sa pauvre Violette, si horriblement métamorphosée; enfin il la regarda, se jeta dans ses bras, et tous deux pleurèrent. Ourson était merveilleusement beau; Violette était ce qu'avait été Ourson, sans forme, sans beauté comme sans laideur. Quand Violette releva la tête et regarda Agnella, celle-ci lui tendit les mains.

« Merci, ma fille, ma noble et généreuse enfant! dit Agnella.

— Mère, dit Violette à voix basse, m'aimerez-vous encore?

— Si je t'aimerai, ma fille chérie! cent fois, mille fois plus qu'auparavant!

— Violette, dit Ourson, ne crains pas d'être laide à nos yeux. Pour moi, tu es plus belle cent fois que lorsque tu avais toute ta beauté; pour moi, tu es une sœur, une amie incomparable, tu seras toujours la compagne de ma vie, l'idéal de mon cœur. »

XII

LE COMBAT

Violette allait répondre, lorsqu'une espèce de mugissement se fit entendre dans l'air. On vit descendre lentement un char de peau de crocodile, attelé de cinquante énormes crapauds. Tous ces crapauds soufflaient, sifflaient et auraient lancé leur venin infect, si la fée Drôlette ne le leur eût défendu.

Quand le char fut à terre, il en sortit une grosse et lourde créature : c'était la fée Rageuse; ses gros yeux semblaient sortir de sa tête; son large nez épaté couvrait ses joues ridées et flétries, sa bouche allait d'une oreille à l'autre; quand elle l'ouvrait, on voyait une langue noire et pointue qui léchait sans cesse de vilaines dents écornées et couvertes d'un enduit de bave verdâtre. Sa taille, haute de trois pieds à peine, était épaisse; sa graisse flasque et jaune avait principalement envahi son gros ventre tendu comme un tambour; sa peau grisâtre était gluante et froide comme celle d'une limace; ses rares cheveux rouges tombaient de tous côtés en mèches inégales le long d'un cou plissé et goitreux; ses mains larges et plates, semblaient être des nageoires de requin. Sa robe était en peaux de limaces et son manteau en peaux de crapauds. Elle

La Fée Rageuse.

s'avança lentement vers Ourson, que nous appellerons désormais de son vrai nom, le PRINCE MERVEILLEUX. Elle s'arrêta en face de lui, jeta un coup d'œil furieux sur la fée Drôlette, un coup d'œil de triomphe moqueur sur Violette, croisa ses gros bras gluants sur son ventre énorme, et dit d'une voix aigre et enrouée :

« Ma sœur l'a emporté sur moi, prince Merveilleux ; il me reste pourtant une consolation ; tu ne seras pas heureux, parce que tu as retrouvé ta beauté première aux dépens du bonheur de cette petite sotte qui est affreuse, ridicule, et dont tu ne voudras plus approcher. Oui, oui, pleure, ma belle Oursine ; tu pleureras longtemps et tu regretteras amèrement, si tu ne le regrettes déjà, d'avoir donné au prince Merveilleux ta belle peau blanche.

— Jamais, Madame, jamais ; mon seul regret est de n'avoir pas su plus tôt ce que je pouvais faire pour lui témoigner ma reconnaissance. »

La fée Drôlette, dont le visage avait pris une expression de sévérité et d'irritation inaccoutumée, brandit sa baguette et dit :

« Silence, ma sœur ; vous n'aurez pas longtemps à triompher du malheur de Violette ; j'y porterai remède ; son dévouement mérite récompense.

— Je vous défends de lui venir en aide sous peine de ma colère.

— Je ne redoute pas votre colère, ma sœur, et je dédaigne de vous en punir.

— M'en punir ! tu oses me menacer ? »

Et, sifflant bruyamment, elle fit approcher son équipage, remonta dans son char, s'enleva et voulut fondre sur Drôlette pour l'asphyxier par le venin de ses crapauds. Mais Drôlette connaissait les perfidies de sa sœur; ses alouettes fidèles tenaient le char à sa portée, elle sauta dedans. Les alouettes s'enlevèrent, planèrent au-dessus des crapauds, et s'abaissèrent rapidement sur eux ; ceux-ci, malgré leur pesanteur, esquivèrent le coup en se jetant de côté, ils purent même lancer leur venin sur les alouettes les plus rapprochées, qui moururent immédiatement : la fée les dételа avec la rapidité de la foudre, s'éleva encore et vint retomber si adroitement sur les crapauds, que les alouettes leur crevèrent les yeux avec leurs griffes, avant que Rageuse eût le temps de secourir son armée. Les cris des crapauds, les sifflements des alouettes faisaient un bruit à rendre sourd ; aussi la fée Drôlette eut-elle l'attention de crier à ses amis, qui regardaient le combat avec terreur : « Éloignez-vous et bouchez-vous les oreilles ». Ce qu'ils firent immédiatement.

Rageuse tenta un dernier effort; elle dirigea ses crapauds aveugles vers les alouettes, afin de les prendre en face et de leur lancer du venin ; mais Drôlette s'élevait, s'élevait toujours ; Rageuse restait toujours au-dessous. Enfin, ne pouvant contenir sa colère, elle s'écria :

« Tu es soutenue par la reine des fées, une vieille drôlesse que je voudrais voir au fond des enfers ! »

A peine eut-elle prononcé ces paroles, que son char retomba pesamment à terre ; les crapauds crevèrent, le char disparut ; Rageuse resta seule, sous la forme d'un gros crapaud. Elle voulut parler, elle ne put que mugir et souffler ; elle regardait avec fureur Drôlette et ses alouettes, le prince Merveilleux, Violette et Agnella : mais son pouvoir était détruit.

La fée Drôlette abaissa son char, descendit à terre et dit :

« La reine des fées t'a punie de ton audace, ma sœur. Repens-toi si tu veux obtenir ta grâce. »

Pour toute réponse, le crapaud lança son venin, qui, heureusement, n'atteignit personne. Drôlette étendit vers lui sa baguette.

« Je te commande de disparaître et de ne plus jamais te montrer aux yeux du prince, de Violette et de leur mère. »

A peine avait-elle achevé ces mots, que le crapaud disparut, sans qu'il restât le moindre vestige de son attelage et de son char. La fée Drôlette demeura pendant quelques instants immobile ; elle passa la main sur son front, comme pour en chasser une triste pensée, et, s'approchant du prince Merveilleux, elle lui dit :

« Prince, le titre que je vous donne vous indique votre naissance : vous êtes le fils du roi Féroce et de la reine Aimée, cachée jusqu'ici sous l'apparence d'une modeste fermière. Le nom de votre père indique assez son caractère ; votre mère l'ayant empêché de tuer son frère Indolent et sa belle-sœur Nonchalante, il tourna contre elle sa fureur : ce fut moi qui la sauvai dans une nuée avec sa fidèle Passerose. Et vous, princesse Violette, votre naissance égale celle du prince Merveilleux; votre père et votre mère sont ce même roi Indolent et cette reine Nonchalante, qui, sauvés une fois par votre mère, finirent par périr victimes de leur apathie. Depuis ce temps le roi Féroce a été massacré par ses sujets, qui ne pouvaient plus supporter son joug cruel; ils vous attendent, prince, pour régner sur eux; je leur ai révélé votre existence, et je leur ai promis que vous prendriez une épouse digne de vous. Votre choix peut s'arrêter sur une des douze princesses que votre père retenait captives après avoir égorgé leurs parents; toutes sont belles et sages, et toutes vous apportent en dot un royaume. »

La surprise avait rendu muet le prince Merveilleux; aux dernières paroles de la fée, il se tourna vers Violette, et, la voyant pleurer :

« Pourquoi pleures-tu, Violette ? Crains-tu que je rougisse de toi, que je n'ose pas témoigner devant toute ma cour la tendresse que tu m'inspires, que je cache ce que tu as fait pour moi, que j'oublie les liens qui m'attachent à toi pour jamais? Crois-tu que je puisse être assez ingrat pour chercher une autre affection que la tienne, et te remplacer par une de ces princesses retenues captives par mon père? Non, chère Violette; jusqu'ici je n'ai vu en toi qu'une sœur; désormais tu seras la compagne de ma vie, ma seule amie, ma femme en un mot.

— Ta femme, cher frère! C'est impossible. Comment assoirais-tu sur ton trône une créature aussi laide que ta pauvre Violette? Comment oserais-tu braver les railleries de tes sujets et des rois voisins? Moi-même, comment pourrais-je me montrer au milieu des fêtes de ton retour? Non, mon ami, mon frère, laisse-moi vivre auprès de toi, près de notre mère, seule, ignorée, couverte d'un voile, afin que personne ne me voie et ne puisse te blâmer d'avoir fait un triste choix. »

Le prince Merveilleux insista longuement et fortement; Violette avait peine à se commander, mais néanmoins elle résistait avec autant de fermeté que de dévouement. Agnella ne disait rien; elle eût voulu que son fils acceptât ce dernier sacrifice de la malheureuse Violette, et qu'il la laissât vivre près d'elle et près de lui, mais cachée à tous les regards. Passerose pleurait et encourageait tout bas le prince dans son insistance.

« Violette, dit enfin le prince, puisque tu te refuses de monter sur le trône avec moi, j'abandonne ce trône et la puissance royale pour vivre avec toi comme par le passé dans la solitude et le bonheur. Sans toi, le sceptre me serait un trop lourd fardeau; avec toi, notre petite ferme me sera un paradis. Dis, Violette, le veux-tu ainsi?

— Tu l'emportes, cher frère; oui, vivons ici comme nous avons vécu depuis tant d'années, modestes dans nos goûts, heureux par notre affection.

— Noble prince et généreuse princesse, dit la fée, vous aurez la récompense de votre tendresse si dévouée et si rare. Prince, dans le puits où je vous ai transporté pendant l'incendie, il y a un trésor sans prix pour vous et pour Violette. Descendez-y, cherchez, et quand vous l'aurez trouvé, apportez-le : je vous en ferai connaître la valeur. »

Le prince ne se le fit pas dire deux fois; il courut vers le puits; l'échelle y était encore, il descendit lestement; arrivé au fond, il ne vit rien que le tapis qu'il avait trouvé la première fois. Il examina les parois du puits : rien n'indiquait un trésor. Il leva le tapis et aperçut une pierre noire avec un anneau; il tira l'anneau, la pierre s'enleva et découvrit une cassette qui brillait comme une réunion d'étoiles. « Ce doit être le trésor dont parle la fée », dit-il. Il saisit la cassette; elle était légère comme une coquille de noix. Il s'empressa de remonter, la tenant soigneusement dans ses bras.

On attendait son retour avec impatience; il remit la cassette à la fée. Agnella s'écria :

« C'est la cassette que vous m'aviez confiée, Madame, et que je croyais perdue dans l'incendie.

— C'est la même, dit la fée; voici la clef, prince; ouvrez-la. »

Ourson s'empressa de l'ouvrir. Quel ne fut pas le désappointement général quand, au lieu des trésors qu'on s'attendait à en voir sortir, on n'y trouva que les bracelets qu'avait Violette lorsque son cousin l'avait rencontrée endormie dans la forêt, et un flacon d'huile de senteur.

La fée les regardait tour à tour et riait de leur stupeur; elle prit les bracelets et les remit à Violette.

« Ceci est mon présent de noces, ma chère enfant; chacun de ces diamants a la propriété de préserver de tout maléfice la personne qui le porte; et de lui donner toutes les vertus, toutes les richesses, toute la beauté, tout l'esprit et tout le bonheur désirables. Usez-en pour les enfants qui naîtront de votre union avec le prince Merveilleux. »

Prenant ensuite le flacon :

« Quant au flacon d'huile de senteur, c'est le présent de noces de votre cousin; vous aimez les parfums, celui-ci a des vertus particulières; servez-vous-en aujourd'hui même. Demain je reviendrai vous chercher et vous ramener tous dans votre royaume.

— J'ai renoncé à mon royaume, Madame; je veux vivre ici avec ma chère Violette....

— Et qui donc gouvernera votre royaume, mon fils? interrompit la reine Aimée.

— Ce sera vous, ma mère, si vous voulez bien en accepter la charge », répondit le prince.

La reine allait refuser la couronne de son fils, quand la fée la prévint :

« Demain nous reparlerons de cela, dit-elle; en attendant, vous, Madame, qui désirez un peu la couronne que vous alliez pourtant refuser, je vous défends de l'accepter avant mon retour ; et vous, cher et aimable prince, ajouta-t-elle d'une voix douce accompagnée d'un regard affectueux, je vous défends de la proposer avant mon retour. Adieu, à demain. Quand il vous arrivera bonheur, mes chers enfants, pensez à votre amie la fée Drôlette. »

Elle remonta dans son char ; les alouettes s'envolèrent rapidement, et bientôt elle disparut, laissant derrière elle un parfum délicieux.

XIII

LA RÉCOMPENSE

Le prince regarda Violette et soupira. Violette regarda le prince et sourit.

« Comme tu es beau, cher cousin ! Que je suis heureuse de t'avoir rendu ta beauté ! Moi, je vais verser quelques gouttes d'huile de senteur sur mes mains ; puisque je ne peux te plaire, je veux du moins t'embaumer », ajouta-t-elle en riant.

Et, débouchant le flacon, elle pria Merveilleux de lui en verser quelques gouttes sur le front et sur le visage. Le prince avait le cœur trop gros pour parler. Il prit le flacon et exécuta l'ordre de sa cousine. Aussitôt que l'huile eut touché le front de Violette, quelles ne furent pas sa joie et sa surprise en voyant tous ses poils disparaître et sa peau reprendre sa blancheur et sa finesse premières !

Le prince et Violette, en voyant la vertu de cette huile merveilleuse, poussèrent un cri de joie, et, courant vers l'étable, où étaient la reine et Passerose, ils leur firent voir l'heureux effet de l'huile de la fée. Toutes deux partagèrent leur bonheur. Le prince Merveilleux ne pouvait en croire ses yeux. Rien désormais ne s'opposait à son union avec Violette, si bonne, si dévouée, si tendre, si bien faite pour assurer le bonheur de son cousin.

La reine songeait au lendemain, à son retour dans son royaume, qu'elle avait abandonné depuis vingt ans : elle aurait voulu que son fils, que Violette et qu'elle-même eussent des vêtements convenables pour une si grande cérémonie ; mais elle n'avait ni le temps ni les moyens de s'en procurer : il fallait donc conserver leurs habits de drap grossier, et se montrer ainsi à leurs peuples. Violette et Merveilleux riaient de l'inquiétude de leur mère.

« Ne trouvez-vous pas, mère, que notre beau Merveilleux est bien assez paré de sa beauté, et qu'un habit somptueux ne le rendra ni plus beau ni plus aimable ?

— Et ne trouvez-vous pas, comme moi, mère, que la beauté de notre chère Violette la pare mieux que les plus riches vêtements ; que l'éclat de ses yeux l'emporte sur les plus brillantes pierreries ; que la blancheur de ses dents ferait pâlir les perles les plus belles ; que la richesse de sa blonde chevelure la coiffe mieux qu'une couronne de diamants?

— Oui, oui, mes enfants, sans doute, vous êtes tous deux beaux et charmants; mais un peu de toilette ne gâte rien; quelques bijoux, un peu de broderie, de riches étoffes, ne feraient aucun tort à votre beauté. Et moi qui suis vieille....

— Mais pas laide, Madame, interrompit vivement Passerose; vous êtes encore belle et aimable, malgré votre petit bonnet de fermière, votre jupe de drap rayé, votre corsage de camelot rouge et votre guimpe de simple toile. D'ailleurs, une fois rentrée dans votre royaume, vous achèterez toutes les robes qui vous feront plaisir. »

La soirée se passa ainsi gaiement et sans inquiétude de l'avenir. La fée avait pourvu à leur souper; ils passèrent leur dernière nuit sur les bottes de paille de l'étable, et, comme ils étaient tous fatigués des émotions de la journée, ils dormirent si profondément que le jour brillait depuis longtemps et que la fée était au milieu d'eux avant qu'ils fussent réveillés.

Un léger hem! hem! de la fée les tira de leur sommeil; le prince fut le premier à ouvrir les yeux: il se jeta aux genoux de la fée et lui adressa des remerciements tellement vifs qu'elle en fut attendrie.

Violette aussi était aux genoux de la fée, la remerciant avec le prince.

« Je ne doute pas de votre reconnaissance, leur dit la fée, mais j'ai beaucoup à faire, on m'attend dans le royaume du roi Bénin, où je dois assister à la naissance du troisième fils de la princesse Blondine; ce fils doit être le mari de votre fille aînée, prince Merveilleux, et je tiens à le douer de toutes les qualités qui pourront le faire aimer de votre fille. Il faut que je vous mène dans votre royaume; plus tard, je reviendrai assister à vos noces.... Reine, continua-t-elle en s'adressant à Aimée qui venait de s'éveiller, nous allons partir immédiatement pour le royaume de votre fils; êtes-vous prête, ainsi que votre fidèle Passerose?

— Madame, répondit la reine avec un léger embarras, nous sommes prêtes à vous suivre; mais ne rougirez-vous pas de notre toilette si peu digne de notre rang?

— Ce ne sera pas moi qui en rougirai, reine, répliqua la fée en souriant; c'est vous qui seriez disposée à en rougir. Mais je puis porter remède à ce mal. »

En disant ces mots, elle décrivit avec sa baguette un cercle au-dessus de la tête de la reine, qui au même moment se trouva vêtue d'une robe de brocart d'or, coiffée d'un chaperon de plumes rattachées par un cordon de diamants, et chaussée de brodequins de velours pailletés d'or.

La reine regardait sa robe d'un air de complaisance.

« Et Violette? dit-elle, et mon fils? N'étendrez-vous pas sur eux vos bontés, Madame?

— Violette ne me l'a pas demandé, ni votre fils non plus. Je suivrai en cela leurs désirs. Parlez, Violette, désirez-vous changer de costume?

— Madame, répondit Violette en baissant les yeux et en rougissant, j'ai été heureuse sous cette simple robe de toile; c'est dans ce costume que mon frère m'a connue, m'a aimée; souffrez que je le conserve tant que le permettront les convenances, et que je le garde toujours en souvenir des heureuses années de mon enfance. »

Le prince remercia Violette en lui serrant tendrement les mains.

La fée approuva Violette d'un signe de tête amical, fit approcher son équipage qui attendait à quelques pas, y monta, et plaça près d'elle la reine, Violette, le prince et Passerose. En moins d'une heure, les alouettes franchirent les trois mille lieues qui les séparaient du royaume de Merveilleux; tout le peuple et toute la cour, prévenus par la fée, attendaient dans les rues et dans le palais. A l'aspect du char, le peuple poussa des cris de joie, qui redoublèrent lorsque, le char s'arrêtant sur la grande place du palais, on en vit descendre la reine Aimée, un peu vieillie sans doute, mais toujours jolie et gracieuse; le prince Merveilleux, dont la beauté et la grâce étaient rehaussées par la richesse de ses vêtements, éblouissants d'or et de pierreries : c'était encore une gracieuseté de la fée. Mais les acclamations devinrent frénétiques, lorsque le prince, prenant la main de Violette, la présenta au peuple. Son doux et charmant visage, sa taille fine et élégante, étaient encore embellis par la toilette dont la fée l'avait revêtue d'un coup de baguette. Sa robe était en dentelle d'or, son corsage, ses épaules et ses bras étaient ornés d'une foule d'alouettes en diamants, pas plus grosses que des oiseaux-mouches ; sur la tête, elle avait aussi une couronne de petites alouettes en pierreries de toutes couleurs. Son air doux et vif, sa grâce, sa beauté, lui gagnèrent tous les cœurs. On cria tant et si longtemps : *Vive le roi Merveilleux! vive la reine Violette!* que plusieurs personnes dans la foule en devinrent sourdes. La fée, qui ne voulait que joie et bonheur dans tout le royaume, les guérit tous, à la prière de Violette. Il y eut un grand repas pour la cour et pour le peuple. Un million trois cent quarante-six mille huit cent vingt-deux personnes dînèrent aux frais de la fée, et chacun emporta de quoi manger pendant huit jours. Pendant le repas, la fée partit pour aller chez le roi Bénin, promettant de revenir pour les noces de Merveilleux et de Violette. Pendant les huit jours que dura son absence, Merveilleux, qui voyait sa mère un peu triste de ne plus être reine, la pria avec tant d'instance d'accepter le royaume de Violette, qu'elle consentit à y régner, à la condition toutefois que le roi Merveilleux et la reine Violette viendraient tous les ans passer trois mois chez elle.

La reine Aimée, avant de quitter ses enfants, voulut assister à leur union. La fée Drôlette, plusieurs fées et génies de ses amis furent convoqués aux noces. Ils eurent tous des présents magnifiques, et ils furent si satisfaits de l'accueil que leur avaient fait le roi Merveilleux et la reine Violette, qu'ils promirent de revenir toutes les fois qu'ils seraient appelés. Deux ans après, ils reçurent tous une nouvelle invitation pour assister à la naissance du premier enfant des jeunes époux. Violette mit au jour une fille, qui fut, comme son père et sa mère, une merveille de bonté et de beauté.

Le roi et la reine ne purent exécuter la promesse qu'ils avaient faite à leur mère. Un des génies qui avaient été invités aux noces de Merveilleux et de Violette, et qui s'appelait Bienveillant, trouva à la reine Aimée tant de douceur, de bonté et de beauté, qu'il l'aima ; il alla la visiter plusieurs fois quand elle fut dans son nouveau royaume ; se voyant affectueusement accueilli par la reine, il l'enleva un beau jour dans un tourbillon. La reine Aimée pleura un peu ; mais comme elle aimait aussi le génie, elle se consola promptement et consentit à l'épouser. Le roi des génies lui accorda, comme présent de noces, de participer à tous les privilèges de son mari, de ne jamais mourir, de ne jamais vieillir, de se transporter en un clin d'œil partout où elle voudrait. Elle usa souvent de cette faculté pour voir son fils et ses petits-enfants. Le roi et la reine eurent huit fils et quatre filles ; tous sont charmants ; ils seront heureux, sans doute, car ils s'aiment tendrement ; et leur grand'mère, qui les gâte un peu, dit-on, leur fait donner par leur grand-père, le génie Bienveillant, tout ce qui peut contribuer à leur bonheur.

Passerose, qui était tendrement attachée à la reine Aimée, l'avait suivie dans son nouveau royaume; mais quand le génie enleva la reine dans un tourbillon, Passerose, se voyant oubliée et ne pouvant la suivre, fut si triste de l'isolement dans lequel la laissait le départ de sa chère maîtresse, qu'elle pria la fée Drôlette de la transporter près du roi Merveilleux et de la reine Violette. Elle y resta pour soigner leurs enfants, auxquels elle racontait souvent les aventures d'Ourson et de Violette; elle y est encore, dit-on, malgré les excuses que lui firent le génie et la reine de ne l'avoir pas fait entrer dans le tourbillon.

« Non, non, leur répondit Passerose; restons comme nous sommes. Vous m'avez oubliée une fois, vous pourriez bien m'oublier encore. Ici mon cher Ourson et ma douce Violette n'oublient jamais leur vieille bonne. Je les aime; je leur resterai. Ils m'aiment, ils me garderont. »

Quant au fermier, à l'intendant, au maître de forge, qui avaient été si cruels envers Ourson, ils furent sévèrement punis par la fée Drôlette.

Le fermier fut dévoré par un ours quelques heures après avoir chassé Ourson.

L'intendant fut chassé par son maître pour avoir fait lâcher les chiens, qu'on ne put jamais retrouver. La nuit même, il fut piqué par un serpent venimeux, et expira quelques instants après.

Le maître de forge ayant réprimandé trop brutalement ses ouvriers, ils se saisirent de lui et le précipitèrent dans le fourneau ardent, où il périt en quelques secondes.

TABLE

Histoire de Blondine, de Bonne-Biche et de Beau-Minon.......		3
I.	Blondine..................................	5
II.	Blondine perdue..................................	8
III.	La forêt des Lilas..................................	19
IV.	Premier réveil de Blondine. — Beau-Minon......	20
V.	Bonne-Biche..................................	22
VI.	Second réveil de Blondine..................................	30
VII.	Le Perroquet..................................	33
VIII.	Le repentir..................................	48
IX.	La Tortue..................................	55
X.	Le voyage et l'arrivée..................................	57

Le bon petit Henri..................................		69
I.	La pauvre mère malade..................................	71
II.	Le Corbeau, le Coq et la Grenouille..................................	74
III.	La moisson..................................	77
IV.	La vendange..................................	82
V.	La chasse..................................	86
VI.	La pêche..................................	91
VII.	La plante de vie..................................	97

Histoire de la princesse Rosette..................................		105
I.	La ferme..................................	107
II.	Rosette à la cour du roi son père. — Première journée.	114
III.	Conseil de famille..................................	121
IV.	Seconde journée..................................	124
V.	Troisième et dernière journée..................................	136

LA PETITE SOURIS GRISE.................................... 149

   I. La maisonnette....................................... 151
  II. La fée Détestable.................................... 156
 III. Le prince Gracieux................................... 168
  IV. L'arbre de la rotonde................................ 177
   V. La cassette.. 181

OURSON... 189

   I. Le Crapaud et l'Alouette............................. 191
  II. Naissance et enfance d'Ourson........................ 198
 III. Violette... 200
  IV. Le rêve.. 215
   V. Encore le Crapaud.................................... 222
  VI. Maladie et sacrifice................................. 229
 VII. Le Sanglier.. 233
VIII. L'incendie... 247
  IX. Le puits... 250
   X. La ferme, le château, l'usine....................... 268
  XI. Le sacrifice... 280
 XII. Le combat.. 284
XIII. La récompense.. 294

31566. — Imprimerie A. Lahure, rue de Fleurus, 9, à Paris.

LIBRAIRIE HACHETTE ET Cⁱᵉ

BOULEVARD SAINT-GERMAIN, 79, A PARIS

LE
JOURNAL DE LA JEUNESSE

NOUVEAU RECUEIL HEBDOMADAIRE

TRÈS RICHEMENT ILLUSTRÉ

POUR LES ENFANTS DE 10 A 15 ANS

Les vingt-deux premières années (1873-1894),
formant
quarante-quatre beaux volumes grand in-8, sont en vente.

Ce nouveau recueil est une des lectures les plus attrayantes que l'on puisse mettre entre les mains de la jeunesse. Il contient des nouvelles, des contes, des biographies, des récits d'aventures et de voyages, des causeries sur l'histoire naturelle, la géographie, les arts et l'industrie, etc., par

Mᵐᵉˢ S. BLANDY, COLOMB, GUSTAVE DEMOULIN, EMMA D'ERWIN,
ZÉNAÏDE FLEURIOT, ANDRÉ GÉRARD, JULIE GOUBAUD, MARIE MARÉCHAL,
L. MUSSAT, P. DE NANTEUIL, OUIDA, DE WITT NÉE GUIZOT;
MM. A. ASSOLANT, DE LA BLANCHÈRE, LÉON CAHUN, CHAMPOL,
RICHARD CORTAMBERT, ERNEST DAUDET, DILLAYE, LOUIS ÉNAULT,
J. GIRARDIN, AIMÉ GIRON, AMÉDÉE GUILLEMIN, CH. JOLIET, ALBERT LÉVY,
ERNEST MENAULT, EUGÈNE MULLER, PAUL PELET, LOUIS ROUSSELET,
Cᵗᵉ STANY, G. TISSANDIER, P. VINCENT, ETC.,

et est

ILLUSTRÉ DE 11 500 GRAVURES SUR BOIS

d'après les dessins de

É. BAYARD, BERTALL, BLANCHARD,
CAIN, CASTELLI, CATENACCI, CRAFTY, C. DELORT,
PAGUET, FÉRAT, FERDINANDUS, GILBERT,
GODEFROY DURAND, HUBERT-CLERGET, KAUFFMANN, LIX, A. MARIE,
MESNEL, MOYNET, MIRBACH, A. DE NEUVILLE, PHILIPPOTEAUX,
POIRSON, PRANISHNIKOFF, RICHNER, RIOU,
RONJAT, SAHIB, TAYLOR, THÉROND,
TOFANI, VOGEL, TH. WEBER, E. ZIER.

CONDITIONS DE VENTE ET D'ABONNEMENT

Le JOURNAL DE LA JEUNESSE paraît le samedi de chaque semaine. Le prix du numéro, comprenant 16 pages grand in-8, est de 40 centimes.

Les 52 numéros publiés dans une année forment deux volumes.

Prix de chaque volume : broché, 10 francs ; cartonné en percaline rouge, tranches dorées, 13 francs.

PRIX DE L'ABONNEMENT
POUR PARIS ET LES DÉPARTEMENTS

Un an (2 volumes). . . . . 20 francs
Six mois (1 volume). . . . . 10 —

Prix de l'abonnement pour les pays étrangers qui font partie de l'Union générale des postes : Un an, 22 francs ; six mois, 11 francs.

Les abonnements se prennent à partir du 1ᵉʳ décembre et du 1ᵉʳ juin de chaque année.

MON JOURNAL

NOUVEAU RECUEIL HEBDOMADAIRE

Illustré de nombreuses gravures en couleurs et en noir

A L'USAGE DES ENFANTS DE HUIT A DOUZE ANS

QUATORZIÈME ANNÉE

(1894-1895)

DEUXIÈME SÉRIE

MON JOURNAL, à partir du 1ᵉʳ Octobre 1892, est devenu hebdomadaire, de mensuel qu'il était, et convient à des enfants de 8 à 12 ans.

Il paraît un numéro le samedi de chaque semaine. — Prix du numéro, 15 centimes.

ABONNEMENTS :

FRANCE	UNION POSTALE
Six mois............ 4 fr. 50	Six mois............ 5 fr. 50
Un an............... 8 fr. »	Un an............... 10 fr. »

Prix de chaque année de la deuxième série :
Brochée, 8 fr. — Cartonnée, 10 fr.

Prix des années IX, X et XI (1ʳᵉ série) : chacune, brochée, 2 fr.; cartonnée en percaline gaufrée, avec fers spéciaux à froid, 2 fr. 50. (Les années I à VIII sont épuisées.)

NOUVELLE COLLECTION ILLUSTRÉE
POUR LA JEUNESSE ET L'ENFANCE
1re SÉRIE, FORMAT IN-8 JÉSUS
Prix du volume : broché, 7 fr. ; cartonné, tranches dorées, 10 fr.

About (Ed.) : *Le roman d'un brave homme.* 1 vol. illustré de 52 compositions par Adrien Marie.
— *L'homme à l'oreille cassée.* 1 vol. ill. de 61 comp. par Eug. Courboin.

Cahun (L.) : *Les aventures du capitaine Magon.* 1 vol. illustré de 72 gravures d'après Philippoteaux.
— *La bannière bleue.* 1 vol. illustré de 73 gravures d'après Lix.

Dillaye (Fr.) : *Les jeux de la jeunesse.* 1 vol. illustré de 203 grav.

Dronsart (Mme M.) : *Les grandes voyageuses.* 1 vol. ill. de 75 grav.

Du Camp (Maxime) : *La vertu en France.* 1 vol. ill. de 45 grav. d'après Duez, Myrbach, Tofani et E. Zier.
— *Bons cœurs et braves gens.* 1 vol. illustré de 50 grav. d'après Myrbach et Tofani.

Fleuriot (Mlle Z.) : *Cœur muet.* 1 vol. ill. de grav. d'après Adrien Marie.
— *Papillonne.* 1 volume illustré de 50 gravures d'après E. Zier.

Guillemin (Amédée) : *La Pesanteur et la Gravitation universelle.* — *Le Son.* 1 vol. contenant 3 planches en couleurs, 23 planches en noir et 445 figures dans le texte.
— *La lumière.* 1 vol. contenant 13 planches en couleurs, 14 planches en noir et 353 figures dans le texte.
— *Le Magnétisme et l'Électricité.* 1 v. contenant 5 pl. en couleurs, 15 pl. en noir et 577 fig. dans le texte.
— *La Chaleur.* 1 vol. contenant 1 pl. en couleurs, 8 planches en noir et 324 gravures dans le texte.

Guillemin (Amédée) (suite) : *La Météorologie et la Physique moléculaire.* 1 vol. contenant 9 planches en couleurs, 20 planches en noir et 343 gravures dans le texte.

La Ville de Mirmont (H. de) : *Contes Mythologiques.* 1 vol. illustré de 41 gravures.

Maël (Pierre) : *Une Française au Pôle Nord.* 1 vol. illustré de 52 grav. d'après Paris.
— *Terre de Fauves.* 1 volume illustré de 52 gravures, d'après les dessins d'Alfred Paris.

Manzoni : *Les fiancés.* Édition abrégée par Mme J. Colomb. 1 vol. illustré de 40 gravures d'après J. Le Blant.

Mouton (Eug.) : *Vie et Aventures du Capitaine Marius Cougourdan.* 1 vol. ill. de 66 grav. d'après E. Zier.
— *Joël Kerbabu.* 1 vol. illustré de 55 gravures d'après A. Paris.
— *Voyages merveilleux de Lazare Poban.* 1 vol. illustré de 51 grav. d'après Zier.

Rousselet (Louis) : *Nos grandes écoles militaires et civiles.* 1 vol. ill. de grav. d'après A. Lemaistre, Fr. Régamey et P. Renouard.
— *Nos grandes écoles d'application.* 1 vol. ill. de 95 gr. d'après Busson, Calmettes, Lemaistre et P. Renouard.

Toudouse (Gustave) : *Enfant perdu (1814).* 1 volume illustré de 49 gravures d'après J. Le Blant.

Witt (Mme de), née Guizot : *Les femmes dans l'histoire.* 1 vol. illustré de 80 gravures.
— *La charité en France à travers les siècles.* 1 vol. ill. de 50 gravures.
— *Père et fils.* 1 volume illustré de 40 gravures d'après Vogel.

2e SÉRIE, FORMAT IN-8 RAISIN
Prix du volume : broché, 4 fr. ; cartonné, tranches dorées, 6 fr.

Arthez (Danielle d') : *Les tribulations de Nicolas Mendar.* 1 vol. ill. de 83 grav. d'après Tofani.

Assollant (A.) : *Pendragon.* 1 vol. avec 42 gravures d'après C. Gilbert.

Blandy (Mme S.) : *La part du Cadet.* 1 vol. illustré de 112 gravures d'après Zier.

Champol (F.) : *Anaïs Evrard.* 1 volume illustré de 23 gravures d'après Tofani et Bergevin.

Chéron de la Bruyère (Mme) : *La tante Derbier.* 1 vol. illustré de 50 gravures d'après Myrbach.
— *Princesse Rosalba.* 1 vol. illustré de 60 gravures d'après Tofani.

Colomb (Mme) : *Le violoneux de la sapinière.* 1 vol. avec 85 gravures d'après A. Marie.
— *La fille de Carilès.* 1 vol. avec 96 grav. d'après A. Marie.
Ouvrage couronné par l'Académie française.
— *Deux mères.* 1 vol. avec 133 grav. d'après A. Marie.
— *Le bonheur de Françoise.* 1 vol. avec 112 grav. d'après A. Marie.
— *Chloris et Jeanneton.* 1 vol. avec 105 gravures d'après Sahib.
— *L'héritière de Vauclain.* 1 vol. avec 104 grav. d'après C. Delort.
— *Franchise.* 1 vol. avec 113 gravures d'après C. Delort.
— *Feu de paille.* 1 vol. avec 98 grav. d'après Tofani.
— *Les étapes de Madeleine.* 1 vol. avec 105 grav. d'après Tofani.
— *Denis le tyran.* 1 vol. avec 115 grav. d'après Tofani.
— *Pour la muse.* 1 vol. avec 105 grav. d'après Tofani.
— *Pour la patrie.* 1 vol. avec 112 grav. d'après E. Zier.
— *Hervé Plémeur.* 1 vol. avec 112 grav. d'après E. Zier.
— *Jean l'innocent.* 1 vol. illustré de 112 gravures d'après Zier.
— *Danielle.* 1 vol. illustré de 112 grav. d'après Tofani.
— *Mon oncle d'Amérique.* 1 vol. illustré de 112 grav. d'après Tofani.
— *La Fille des Bohémiens.* 1 vol. illustré de 112 grav. d'après S. Reichan.
— *Les conquêtes d'Hermine.* 1 vol. ill. de 112 grav. d'après Th. Voyer.
— *Hélène Corianis.* 1 vol. illustré de 80 gravures d'après A. Moreau.

Cortambert et Deslys : *Le pays du soleil.* 1 vol. avec 35 gravures.

Daudet (E.) : *Robert Darnetal.* 1 vol. avec 81 grav. d'après Sahib.

Demage (G.) : *A travers le Sahara.* 1 vol. illustré de 84 grav. d'après Mme Crampel.

Demoulin (Mme G.) : *Les animaux étranges.* 1 vol. avec 172 gravures.

Deslys (Ch.) : *Nos Alpes*, avec 39 gravures d'après J. David.
— *La mère aux chats.* 1 vol. avec 50 gravures d'après H. David.

Enault (L.) : *Le chien du capitaine.* 1 vol. avec 43 gr. d'après E. Riou.

Fleuriot (Mlle Z.) : *M. Nostradamus.* 1 vol. avec 30 gr. d'après A. Marie.
— *La petite duchesse.* 1 vol. avec 73 gravures d'après A. Marie.
— *Grand cœur.* 1 vol. avec 45 gravures d'après C. Delort.
— *Raoul Daubry, chef de famille.* 1 vol. avec 32 gr. d'après C. Delort.
— *Mandarine.* 1 vol. avec 95 gravures d'après C. Gilbert.
— *Cadok.* 1 vol. avec 24 gravures d'après C. Gilbert.
— *Céline.* 1 vol. avec 102 grav. d'après G. Fraipont.
— *Feu et flamme.* 1 vol. avec 80 gravures d'après Tofani.
— *Le clan des têtes chaudes.* 1 vol. illustré de 65 gr. d'après Myrbach.
— *Au Galadoc.* 1 vol. illustré de 60 gravures d'après Zier.
— *Les premières pages.* 1 vol. avec 75 gravures d'après Adrien Marie.
— *Rayon de soleil.* 1 vol. illustré de 10 gravures d'après Mencina Kresz.

Girardin (J.) : *Les braves gens.* 1 v. avec 115 gr. d'après E. Bayard.
Ouvrage couronné par l'Académie française.
— *Nous autres.* 1 vol. avec 187 gravures d'après E. Bayard.
— *La toute petite.* 1 vol. avec 123 gravures d'après E. Bayard.
— *L'oncle Placide.* 1 vol. avec 139 gravures d'après A. Marie.
— *Le neveu de l'oncle Placide.* 3 vol. illustrés de 367 gravures d'après A. Marie, qui se vendent séparément.
— *Grand-père.* 1 vol. avec 91 gravures d'après C. Delort.
Ouvrage couronné par l'Académie française.

Girardin (J.) (suite) : *Maman*. 1 vol. avec 119 gravures d'après Tofani.
— *Le roman d'un cancre*. 1 vol. avec 119 gravures d'après Tofani.
— *Les millions de la tante Zézé*. 1 vol. avec 119 grav. d'après Tofani.
— *La famille Gaudry*. 1 vol. avec 119 gravures d'après Tofani.
— *Histoire d'un Berrichon*. 1 vol. avec 119 gravures d'après Tofani.
— *Le capitaine Bassinoire*. 1 vol. illustré de 119 gravures d'après Tofani.
— *Second violon*. 1 vol. illustré de 119 gravures d'après Tofani.
— *Le fils Valansé*. 1 vol. avec 119 gravures d'après Tofani.
— *Le commis de M. Douvat*. 1 vol. illustré de 119 gr. d'après Tofani.

Giron (Aimé) : *Les trois rois mages*. 1 vol. illustré de 60 gravures d'après Fraipont et Pranishnikoff.

Gouraud (Mlle J.) : *Cousine Marie*. 1 vol. avec 36 gravures d'après A. Marie.

Meyer (Henri) : *Les Jumeaux de la Bouzarague*. 1 vol. illustré de 71 gravures d'après Tofani.
— *Le serment de Paul Marcorel*. 1 vol. illustré de 51 gravures d'après Tofani.

Nanteuil (Mme P. de) : *Capitaine*. 1 vol. illustré de 72 gravures d'après Myrbach.
Ouvrage couronné par l'Académie française.
— *Le général Du Maine*. 1 vol. avec 70 gravures d'après Myrbach.
— *L'épave mystérieuse*. 1 volume illustré de 80 gr. d'après Myrbach.
Ouvrage couronné par l'Académie française.
— *En esclavage*. 1 vol. illustré de 80 gravures d'après Myrbach.
— *Une poursuite*. 1 vol. illustré de 57 gravures d'après Alfred Paris.
— *Le secret de la grève*. 1 vol. ill. de 50 gr. d'après A. Paris.
— *Alexandre Voroff*. 1 vol. illustré de 80 grav. d'après Myrbach.
— *L'héritier des Vauberts*. 1 vol. illustré de 80 gravures d'après A. Paris.

Rousselet (L.) : *Le charmeur de serpents*. 1 vol. avec 68 gravures d'après A. Marie.

Rousselet (L.) (suite) : *Le Fils du Connétable*. 1 vol. avec 119 grav. d'après Pranishnikoff.
— *Les deux mousses*. 1 vol. avec 90 gravures d'après Sahib.
— *Le tambour du Royal-Auvergne*. 1 vol. avec 115 gr. d'après Poirson.
— *La peau du tigre*. 1 vol. avec 102 gr. d'après Bellecroix et Tofani.

Saintine : *La nature et ses trois règnes*. 1 vol. avec 171 grav. d'après Foulquier et Faguet.
— *La mythologie du Rhin et les contes de la mère-grand*. 1 vol. avec 160 grav. d'après G. Doré.

Schultz (Mlle Jeanne) : *Tout droit*. 1 vol. ill. de 112 gr. d'après E. Zier.
— *La famille Hamelin*. 1 vol. ill. de 89 gravures d'après E. Zier.
— *Sauvons Madelon!* 1 vol. illustré de 60 gravures d'après Tofani.

Stany (Le Cte) : *Les trésors de la Fable*. 1 vol. illustré de 80 gravures d'après E. Zier.
— *Mabel*. 1 vol. illustré de 60 gravures d'après E. Zier.

Tissot et Améro : *Aventures de trois fugitifs en Sibérie*. 1 vol. avec 72 gr. d'après Pranishnikoff.

Witt (Mme de), née Guizot : *Scènes historiques*. 1re série. 1 vol. avec 18 gr. d'après E. Bayard.
— *Scènes historiques* 2e série. 1 vol. avec 28 gravures d'après A. Marie.
— *Normands et Normandes*. 1 vol. avec 70 gravures d'après E. Zier.
— *Un jardin suspendu*. 1 vol. avec 30 gravures d'après C. Gilbert.
— *Notre-Dame Guesclin*. 1 vol. avec 70 gravures d'après E. Zier.
— *Une sœur*. 1 vol. avec 65 gravures d'après E. Bayard.
— *Légendes et récits pour la jeunesse*. 1 vol. avec 18 gravures d'après Philippoteaux.
— *Un nid*. 1 vol. avec 63 gravures d'après Ferdinandus.
— *Un patriote au XIVe siècle*. 1 vol. illustré de gravures d'après E. Zier.
— *Alsaciens et Alsaciennes*. 1 vol. illustré de 60 grav. d'après A. Moreau et E. Zier.

BIBLIOTHÈQUE DES PETITS ENFANTS
DE 4 A 8 ANS

FORMAT GRAND IN-16

CHAQUE VOLUME, BROCHÉ, 2 FR. 25
CARTONNÉ EN PERCALINE BLEUE, TRANCHES DORÉES, 3 FR. 50

Ces volumes sont imprimés en gros caractères

Chéron de la Bruyère (Mme) : *Contes à Pépée*. 1 vol. avec 24 gravures d'après Grivaz.
— *Plaisirs et aventures*. 1 vol. avec 30 gravures d'après Jeanniot.
— *La perruque du grand-père*. 1 vol. illustré de 30 gr. d'après Tofani.
— *Les enfants de Boisfleuri*. 1 vol. ill. de 30 grav. d'après Semechini.
— *Les vacances à Trouville*. 1 vol. avec 40 gravures d'après Tofani.
— *Le château du Roc-Salé*. 1 vol. illustré de 30 gr. d'après Tofani.
— *Les enfants du capitaine*. 1 vol. ill. de 30 grav. d'après Geoffroy.
— *Autour d'un bateau*. 1 vol. illustré de 36 gravures d'après E. Zier.

Desgranges : *Le chemin du collège*. 1 vol. ill. de 30 grav. d'après Tofani.
— *La famille Le Jarriel*. 1 vol. illustré de 36 gr. d'après Geoffroy.

Duporteau (Mme) : *Petits récits*. 1 vol. avec 28 gr. d'après Tofani.

Erwin (Mme E. d') : *Un été à la campagne*. 1 vol. avec 39 grav.

Favre : *L'épreuve de Georges*. 1 vol. avec 44 gravures d'après Geoffroy.

Franck (Mme E.) : *Causeries d'une grand'mère*. 1 vol. avec 72 grav.

Fresneau (Mme), née de Ségur : *Une année du petit Joseph*. Imité de l'anglais. 1 vol. avec 67 gravures d'après Jeanniot.

Girardin (J.) : *Quand j'étais petit garçon*. 1 vol. avec 52 gravures.
— *Dans notre classe*. 1 vol. avec 26 gravures d'après Jeanniot.
— *Un drôle de petit bonhomme*. 1 vol. illustré de 36 grav. d'après Geoffroy.

Le Roy (Mme F.) : *L'aventure de petit Paul*. 1 vol. illustré de 45 gravures, d'après Ferdinandus.
— *Les étourderies de Mlle Lucie*. 1 vol. ill. de 30 gr. d'après Robaudi.
— *Pipo*. 1 vol. illustré de 36 gravures d'après Mencina Kresz.

Malassez (Mme) : *Sable-Plage*. 1 vol. ill. de 52 grav. d'après Zier.

Molesworth (Mrs) : *Les aventures de M. Baby*, traduit de l'anglais. 1 vol. avec 12 gravures.

Pape-Carpantier (Mme) : *Nouvelles histoires et leçons de choses*. 1 vol. avec 42 gravures d'après Semechini.

Surville (André) : *Les grandes vacances*. 1 vol. avec 30 gravures d'après Semechini.
— *Les amis de Berthe*. 1 vol. avec 30 gravures d'après Ferdinandus.
— *La petite Givonnette*. 1 vol. illustré de 34 gravures d'après Grigny.
— *Fleur des champs*. 1 vol. illustré de 32 gravures d'après Zier.
— *La vieille maison du grand-père*. 1 vol. avec 34 gravures d'après Zier.
— *La fête de Saint-Maurice*. 1 vol. illustré de 34 grav. d'après Tofani.

Witt (Mme de), née Guizot : *Histoire de deux petits frères*. 1 vol. avec 45 grav. d'après Tofani.
— *Sur la plage*. 1 vol. avec 55 gravures d'après Ferdinandus.
— *Par monts et par vaux*. 1 vol. avec 54 grav. d'après Ferdinandus.
— *En pleins champs*. 1 vol. avec 45 gravures d'après Gilbert.
— *A la montagne*. 1 vol. illustré de 45 gravures d'après Ferdinandus.
— *Deux tout petits*. 1 vol. illustré de 32 gravures d'après Ferdinandus.
— *Au-dessus du lac*. 1 vol. avec 44 gr.
— *Les enfants de la tour du Roc*. 1 vol. ill. de 56 gr. d'après E. Zier.
— *La petite maison dans la forêt*. 1 vol. illustré de 36 grav. d'après Robaudi.
— *Histoires de bêtes*. 1 vol. illustré de 34 gravures d'après Bouisset.
— *Au creux du rocher*. 1 vol. ill. de 48 grav. d'après Robaudi.

BIBLIOTHÈQUE ROSE ILLUSTRÉE

FORMAT IN-16, A 2 FR. 25 C. LE VOLUME

La reliure en percaline rouge, tranches dorées, se paye en sus 1 fr. 25

1re SÉRIE. — POUR LES ENFANTS DE 4 A 8 ANS

Anonyme : *Chien et Chat*; 5e édition, traduit de l'anglais par Mme A. Dibarrart. 1 vol. avec 45 gravures d'après E. Bayard.

— *Douze histoires pour les enfants de quatre à huit ans*, par une mère de famille; 3e édit. 1 vol. avec 18 grav. d'après Bertall.

— *Les enfants d'aujourd'hui*, par la même; 3e édit. 1 vol. avec 40 grav. d'après Bertall.

Carraud (Mme) : *Historiettes véritables, pour les enfants de quatre à huit ans*; 6e édition. 1 vol. avec 94 grav. d'après Fath.

Fath (G.) : *La sagesse des enfants*, proverbes; 4e édit. 1 vol. avec 100 grav. d'après l'auteur.

Laroque (Mme) : *Grands et petits*; 1 vol. avec 51 gravures d'après Bertall.

Marcel (Mme J.) : *Histoire d'un cheval de bois*; 4e édit. 1 vol. imprimé en gros caractères, avec 20 gravures d'après E. Bayard.

Pape-Carpantier (Mme) : *Histoires et leçons de choses pour les enfants*; 12e édit. 1 vol. avec 85 gravures d'après Bertall.

Ouvrage couronné par l'Académie française.

Perrault, Mmes d'Aulnoy et Leprince de Beaumont : *Contes de fées*. 1 volume avec 65 gravures d'après Bertall, Forest, etc.

Porchat (L.) : *Contes merveilleux*; 5e édit. 1 vol. avec 21 gravures d'après Bertall.

Schmid (Le chanoine) : *100 contes pour les enfants*, trad. de l'allemand par A. Van Hasselt; 7e édit. 1 vol. avec 29 grav. d'après Bertall.

Ségur (Mme de) : *Nouveaux contes de fées*; nouvelle édition. 1 vol. avec 46 gravures d'après G. Doré et J. Didier.

2e SÉRIE. — POUR LES ENFANTS DE 8 A 14 ANS

Alcott (Miss) : *Sous les lilas*, traduit de l'anglais par Mme Lepage; 2e édition. 1 volume avec 23 gravures.

Andersen : *Contes choisis*, trad. du danois par Soldi; 9e édition. 1 vol. avec 40 gravures d'après Bertall.

Anonyme : *Les fêtes d'enfants, scènes et dialogues* ; 5ᵉ édition, 1 vol. avec 41 gravures d'après Foulquier.

Assollant (A.) : *Les aventures merveilleuses mais authentiques du capitaine Corcoran* ; 8ᵉ édit. 2 vol. avec 50 grav. d'après A. de Neuville.

Barrau (Th.) : *Amour filial* ; 5ᵉ édition, 1 vol. avec 41 gravures d'après Ferogio.

Bawr (Mme de) : *Nouveaux contes* ; 6ᵉ édition, 1 vol. avec 40 gravures d'après Bertall.
Ouvrage couronné par l'Académie française.

Belèze : *Jeux des adolescents* ; 6ᵉ édition, 1 vol. avec 140 gravures.

Berquin : *Choix de petits drames et de contes* ; 2ᵉ édition, 1 vol. avec 36 gravures d'après Foulquier, etc.

Berthet (E.) : *L'enfant des bois* ; 8ᵉ édition, 1 vol. avec 61 gravures.
— *La petite Chailloux*, 1 vol. avec 44 gravures d'après Bayard et J. Fraipont.

Blanchère (De la) : *Les aventures de La Ramée et de ses trois compagnons* ; 4ᵉ édit. 1 vol. avec 36 gravures d'après E. Forest.
— *Oncle Tobie le pêcheur* ; 3ᵉ édit. 1 vol. avec 80 gravures d'après Foulquier et Mesnel.

Boiteau (P.) : *Légendes recueillies ou composées pour les enfants* ; 3ᵉ édition, 1 vol. avec 42 gravures d'après Bertall.

Carpentier (Mlle) : *La maison du bon Dieu* ; 2ᵉ édit. 1 vol. avec 58 gravures d'après Riou.
— *Sauvons-le !* 2ᵉ édition, 1 vol. avec 40 gravures d'après Riou.
— *Le secret du docteur, ou la Maison fermée* ; 2ᵉ édition, 1 vol. avec 43 gravures d'après Girardet.
— *La tour du Preux*, 1 vol. avec 60 gravures d'après Tofani.
— *Pierre le Tors*, 1 vol. avec 56 gravures d'après E. Zier.
— *La dame bleue*, 1 vol. avec 49 gravures d'après E. Zier.

Carraud (Mme) : *La petite Jeanne* ; 10ᵉ édit. 1 vol. avec 21 gravures d'après Forest.
Ouvrage couronné par l'Académie française.
— *Les métamorphoses d'une goutte d'eau*, 5ᵉ édition, 1 vol. avec 60 gravures d'après E. Bayard.

Castillon (A.) : *Récréations physiques* ; 8ᵉ édition, 1 vol. avec 38 grav. d'après Castelli.
— *Récréations chimiques* ; 5ᵉ édit. 1 vol. avec 34 grav. d'après H. Castelli.

Cazin (Mme) : *Les petits montagnards* ; 2ᵉ édition, 1 vol. avec 51 grav. d'après G. Vuillier.
— *Un drame dans la montagne* ; 2ᵉ édit. 1 vol. avec 33 gravures d'après G. Vuillier.
— *Histoire d'un pauvre petit*, 1 vol. avec 60 gravures d'après Tofani.
— *L'enfant des Alpes* ; 2ᵉ édition, 1 vol. avec 39 gravures d'après Tofani.
Ouvrage couronné par l'Académie française.
— *Perlette*, 1 vol. avec 54 gravures d'après Myrbach.
— *Les saltimbanques, scènes de la montagne*, 1 vol. avec 65 gravures d'après Girardet.
— *Le petit chevrier*, 1 vol. avec 39 gravures d'après Vuillier.
— *Jean le Savoyard*, 1 vol. avec 51 grav. d'après Slom.
— *Les orphelins bernois*, 1 vol. avec 58 gravures d'après E. Girardet.

Chabreul (Mme de) : *Jeux et exercices des jeunes filles* ; 6ᵉ édition, 1 vol. avec la musique des rondes et 55 gravures d'après Fath.

Chéron de la Bruyère (Mme) : *Giboulée*, 1 vol. illustré de 24 gravures d'après Zier.

Cim (Albert) : *Mes amis et moi*, 1 vol. avec 16 grav. d'après Ferdinandus et Slom.
— *Entre camarades*, 1 vol. illustré de 20 gravures d'après Ferdinandus.

Colet (Mme L.) : *Enfances célèbres* ; 12ᵉ édit. 1 vol. avec 57 gravures d'après Foulquier.

Colomb (Mme J.) : *Souffre-Douleur.* 1 vol. avec 49 gravures d'après Mlle Lancelot.

Contes anglais, traduits par Mme de Witt, 1 vol. avec 43 gravures d'après R. Morin.

Deschamps (F.) : *Mon amie Georgette.* 1 vol. illustré de 43 gravures d'après Robaudi.

— *Mon ami Jean.* 1 vol. illustré de 40 gravures d'après Robaudi.

Deslys (Ch.) : *Grand'maman.* 1 vol. avec 29 gravures d'après Ed. Zier.

Edgeworth (Miss) : *Contes de l'adolescence.* 1 vol. avec 42 gravures d'après Morin.

— *Contes de l'enfance.* 1 vol. avec 27 gravures d'après Foulquier.

— *Demain,* suivi de *Mourad le malheureux.* 1 vol. avec 55 gravures d'après Bertall.

Fath (G.) : *Bernard, la gloire de son village.* 1 vol. avec 56 gravures d'après l'auteur.

Ouvrage couronné par l'Académie française.

Fleuriot (Mlle Z.) : *Le petit chef de famille*; 9ᵉ édit. 1 vol. avec 57 grav. d'après Castelli.

— *Plus tard, ou le Jeune Chef de famille.* 6ᵉ édit. 1 vol. avec 60 grav. d'après E. Bayard.

— *Un enfant gâté*; 4ᵉ édition. 1 vol. avec 48 gravures d'après Ferdinandus.

— *Tranquille et Tourbillon*; 3ᵉ édition. 1 vol. avec 45 gravures d'après C. Delort.

— *Cadette*; 3ᵉ édit. 1 vol. avec 25 grav. d'après Tofani.

— *En congé*; 6ᵉ édit. 1 vol. avec 61 gravures d'après A. Marie.

— *Bigarrette*; 6ᵉ édit. 1 vol. avec 55 gravures d'après A. Marie.

— *Bouche-en-Cœur*; 3ᵉ édition. 1 vol. avec 45 gravures d'après Tofani.

— *Gildas l'Intraitable*; 2ᵉ édit. 1 vol. avec 56 gravures d'après E. Zier.

— *Parisiens et montagnards.* 1 vol. avec 49 gravures d'après E. Zier.

Foe (De) : *La vie et les aventures de Robinson Crusoé,* édit. abrégée. 1 vol. avec 40 grav.

Fonvielle (W. de) : *Néridah.* 2 vol. avec 40 gravures d'après Sahib.

Fresneau (Mme), née Ségur : *Comme les grands!* 1 vol. avec 46 grav. d'après Ed. Zier.

— *Thérèse à Saint-Domingue.* 1 vol. avec 49 gravures d'après Tofani.

— *Les protégés d'Isabelle.* 1 vol. avec 50 grav.

— *Deux abandonnées.* 1 vol. illustré de 42 gravures d'après M. Orange.

Froment : *Petit-Prince.* 1 vol. illustré de 5 gravures d'après Vogel.

Genlis (Mme de) : *Contes moraux.* 1 vol. avec 40 gravures d'après Foulquier, etc.

Gérard (A.) : *Petite Rose.* — *Grande Jeanne.* 1 vol. avec 28 gravures d'après C. Gilbert.

Girardin (J.) : *La disparition du grand Krause*; 2ᵉ édition. 1 vol. avec 70 gravures d'après Kauffmann.

Giron (Aimé) : *Ces pauvres petits!* 2ᵉ édition. 1 vol. avec 22 grav. d'après B. de Monvel, etc.

Gouraud (Mlle J.) : *Les enfants de la ferme*; 5ᵉ édit. 1 vol. avec 59 grav. d'après E. Bayard.

— *Le livre de maman*; 4ᵉ édition. 1 vol. avec 68 gravures d'après E. Bayard.

— *Cécile, ou la Petite Sœur*; 7ᵉ édition. 1 vol. avec 26 gravures d'après Desandré.

— *Lettres de deux poupées*; 6ᵉ édition. 1 vol. avec 59 grav. d'après Olivier.

— *Le petit colporteur*; 6ᵉ édition. 1 vol. avec 27 gravures d'après A. de Neuville.

— *Les mémoires d'un petit garçon*; 9ᵉ édit. 1 vol. avec 86 gravures d'après E. Bayard.

— *Les mémoires d'un caniche*; 9ᵉ édition. 1 vol. avec 75 gravures d'après E. Bayard.

Gouraud (Mlle J.) (suite) : *L'enfant du guide*; 6ᵉ édition. 1 vol. avec 60 gravures d'après E. Bayard.

— *Petite et grande*; 4ᵉ édition. 1 vol. avec 48 gravures d'après E. Bayard.

— *Les quatre pièces d'or*; 5ᵉ édition. 1 vol. avec 61 gravures d'après E. Bayard.

— *Les deux enfants de Saint-Domingue*; 4ᵉ édit. 1 vol. avec 54 grav. d'après E. Bayard.

— *La petite maîtresse de maison*; 5ᵉ édit. 1 vol. avec 37 gravures d'après A. Marie.

— *Les filles du professeur*; 3ᵉ édit. 1 vol. avec 36 gravures d'après Kauffmann.

— *La famille Harel*; 2ᵉ édit. 1 vol. avec 48 gravures d'après Valnay et Ferdinandus.

— *Aller et retour*; 2ᵉ édition. 1 vol. avec 40 gravures d'après Ferdinandus.

— *Les petits voisins*; 2ᵉ édition. 1 vol. avec 39 gravures d'après C. Gilbert.

— *Chez grand'mère*; 2ᵉ édition. 1 vol. avec 98 gravures d'après Tofani.

— *Le petit bonhomme*. 1 vol. avec 45 gravures d'après Ferdinandus.

— *Le vieux château*. 1 vol. avec 28 gravures d'après E. Zier.

— *Pierrot*. 1 vol. avec 31 grav. d'après Zier.

— *Minette*. 1 vol. avec 52 grav. d'après Tofani.

— *Quand je serai grande*. 1 vol. avec 36 gravures d'après Ferdinandus.

Grimm (Les frères) : *Contes choisis*, trad. de l'allemand. 1 vol. avec 40 grav. d'après Bertall.

Hauff : *La caravane*, trad. de l'allemand, 5ᵉ édition. 1 vol. avec 40 grav. d'après Bertall.

— *L'auberge du Spessart*, 5ᵉ édition. 1 vol. avec 61 grav. d'après Bertall.

Hawthorne : *Le livre des merveilles*, trad de l'anglais; 3ᵉ édit. 2 vol. avec 40 grav. d'après Bertall.

Johnson : *Dans l'extrême Far West*, traduit de l'anglais par A. Talandier; 2ᵉ édition. 1 vol. avec 20 gravures d'après A. Marie.

Marcel (Mme J.) : *L'école buissonnière*; 4ᵉ édit. 1 vol. avec 20 gravures d'après A. Marie.

— *Le bon frère*; 4ᵉ édition. 1 vol. avec 21 gravures d'après E. Bayard.

— *Les petits vagabonds*; 4ᵉ édition. 1 vol. avec 25 gravures d'après E. Bayard.

— *Histoire d'une grand'mère et de son petit-fils*. 1 vol. avec 36 gravures d'après Dalort.

— *Daniel*; 2ᵉ édition. 1 vol. avec 45 gravures d'après Gilbert.

— *Le frère et la sœur*. 1 vol. avec 45 gravures d'après E. Zier.

— *Un bon gros pataud*. 1 vol. avec 46 gravures d'après Jeanniot.

— *Un bon oncle*. 1 vol. avec 56 grav. d'après F. Régamey.

Maréchal (Mlle) : *La dette de Ben-Atesa*; 4ᵉ édit. 1 vol. avec 20 grav. d'après Bertall.

— *Nos petites camarades*; 2ᵉ édition. 1 vol. avec 18 gravures d'après E. Bayard et H. Castelli.

— *La maison modèle*; 3ᵉ édition. 1 vol. avec 42 gravures d'après Sahib.

Marmier : *L'arbre de Noël*; 4ᵉ édition. 1 vol. avec 68 gravures d'après Bertall.

Martignat (Mlle de) : *Les vacances d'Elisabeth*; 3ᵉ édit. 1 vol. avec 46 grav. d'après Kauffmann.

— *L'oncle Boni*; 2ᵉ édition. 1 vol. avec 42 gravures d'après Gilbert.

— *Ginette*; 2ᵉ édit. 1 vol. avec 50 gravures d'après Tofani.

— *Le manoir d'Yolan*; 2ᵉ édition. 1 vol. avec 56 gravures d'après Tofani.

— *Le pupille du général*. 1 vol. avec 40 gravures d'après Tofani.

Martignat (Mlle de) (suite) : *L'héritière de Mauricèze.* 1 vol. avec 41 gravures d'après Poirson.

— *Une vaillante enfant*; 2ᵉ édit. 1 vol. avec 43 gravures d'après Tofani.

— *Une petite nièce d'Amérique.* 1 vol. avec 43 gravures d'après Tofani.

— *La petite fille du vieux Thémi.* 1 vol. avec 44 gravures d'après Tofani.

Mayne-Reid (Le capitaine) : *Œuvres traduites de l'anglais* :

— *Les chasseurs de girafes.* 1 vol. avec 10 gravures d'après A. de Neuville.

— *A fond de cale, voyage d'un jeune marin à travers les ténèbres.* 1 vol. avec 19 grandes gravures.

— *A la mer!* 1 vol. avec 12 grandes gravures.

— *Bruin, ou les Chasseurs d'ours.* 1 vol. avec 8 grandes gravures.

— *Le chasseur de plantes.* 1 vol. avec 12 grandes gravures.

— *Les exilés dans la forêt.* 1 vol. avec 19 grandes gravures.

— *L'habitation du désert, ou Aventures d'une famille perdue dans les solitudes de l'Amérique.* 1 vol. avec 23 grandes gravures d'après G. Doré.

— *Les grimpeurs de rochers,* suite du *Chasseur de plantes.* 1 vol. avec 20 grandes gravures.

— *Les peuples étranges.* 1 vol. avec 8 gravures.

— *Les vacances des jeunes Boers.* 1 vol. avec 12 grandes gravures.

— *Les veillées de chasse.* 1 vol. avec 45 gravures d'après Freeman.

— *La chasse au Léviathan.* 1 vol. avec 51 gravures d'après Ferdinandus et Weber.

— *Les naufragés de la Calypso.* 1 vol. avec 55 gravures d'après Pranishnikoff.

Meyners d'Estrey : *Les aventures de Gérard Hendriks à la recherche de son frère.* 1 vol. illustré de 15 gravures d'après Mme P. Crampel.

— *Au pays des diamants.* 1 vol. illustré de gravures d'après Riou.

Moussac (Mme la marquise de) : *Popo et Lili, histoire de deux jumeaux.* 1 vol. avec 58 grav. d'après Zier.

Muller (E.) : *Robinsonnette*; 4ᵉ édition. 1 vol. avec 29 gravures d'après Lix.

Peyronny (Mme de) : *Deux cœurs dévoués*; 4ᵉ édit. 1 vol. avec 53 grav. d'après Davaux.

Pitray (Mme de) : *Les enfants des Tuileries*; 4ᵉ édit. 1 vol. avec 29 grav. d'après E. Bayard.

— *Les débuts du gros Philéas*; 4ᵉ édition. 1 vol. avec 57 gravures d'après H. Castelli.

— *Le château de la Pétaudière*; 3ᵉ édition. 1 vol. avec 78 gravures d'après A. Marie.

— *Le fils du maquignon*; 2ᵉ édition. 1 vol. avec 63 gravures d'après Riou.

— *Petit Monstre et Poule Mouillée*; 6ᵉ mille. 1 vol. avec 36 gravures d'après E. Girardet.

— *Robin des Bois.* 1 vol. avec 40 gravures d'après Sirouy.

— *L'usine et le château.* 1 vol. avec 44 grav. d'après Robaudi.

— *L'arche de Noé.* 1 vol. illustré d'après Robaudi.

Rendu (V.) : *Mœurs pittoresques des insectes.* 1 vol. avec 49 gravures.

Sandras (Mme) : *Mémoires d'un lapin blanc*; 5ᵉ édit. 1 vol. avec 20 grav. d'après E. Bayard.

Sannois (Mme de) : *Les soirées à la maison*; 3ᵉ édit. 1 vol. avec 42 grav. d'après E. Bayard.

Ségur (Mme de) : *Après la pluie le beau temps*; nouvelle édition. 1 vol. avec 128 gravures d'après E. Bayard.

— *Comédies et proverbes*; nouvelle édition. 1 vol. avec 60 gravures d'après E. Bayard.

— *Diloy le Chemineau*; nouvelle édition. 1 vol. avec 90 gravures d'après H. Castelli.

— *François le Bossu*; nouvelle édition. 1 vol. avec 114 gravures d'après E. Bayard.

Ségur (Mme de) (suite) : *Jean qui grogne et Jean qui rit*, nouvelle édition. 1 vol. avec 70 grav. d'après H. Castelli.
— *La fortune de Gaspard*; nouvelle édit. 1 vol. avec 33 gravures d'après Gerlier.
— *La sœur de Gribouille*; nouvelle édition. 1 vol. avec 72 gravures d'après Castelli.
— *Pauvre Blaise*; nouvelle édition. 1 vol. avec 96 gravures d'après H. Castelli.
— *Quel amour d'enfant!* nouvelle édition. 1 vol. avec 79 gravures d'après E. Bayard.
— *Un bon petit diable*; nouvelle édition. 1 vol. avec 100 gravures d'après Castelli.
— *Le mauvais génie*; nouvelle édition. 1 vol. avec 90 gravures d'après E. Bayard.
— *L'auberge de l'Ange-Gardien*; nouvelle édition. 1 vol. avec 75 grav. d'après Foulquier.
— *Le général Dourakine*; nouvelle édition. 1 vol. avec 100 gravures d'après E. Bayard.
— *Les bons enfants*; nouvelle édition. 1 vol. avec 70 grav. d'après Ferogio.
— *Les deux nigauds*; nouvelle édition. 1 vol. avec 76 grav. d'après Castelli.
— *Les malheurs de Sophie*; nouvelle édition. 1 vol. avec 48 gravures d'après Castelli.
— *Les petites filles modèles*; nouvelle édition. 1 vol. avec 21 grandes gravures d'après Bertall.
— *Les vacances*; nouvelle édition. 1 vol. avec 36 gravures d'après Bertall.
— *Mémoires d'un âne*; nouvelle édition. 1 vol. avec 75 gravures d'après Castelli.

Stolz (Mme de) : *La maison roulante*; 7ᵉ édit. 1 vol. avec 20 gravures d'après E. Bayard.
— *Le trésor de Nanette*; 6ᵉ édition. 1 vol. avec 25 gravures d'après E. Bayard.
— *Blanche et Noire*; 4ᵉ édition. 1 vol. avec 54 gravures d'après E. Bayard.
— *Par-dessus la haie*; 4ᵉ édition. 1 vol. avec 56 gravures d'après A. Marie.

Stolz (Mme de) (suite) : *Les poches de mon oncle*; 5ᵉ édition. 1 vol. avec 20 gravures d'après Bertall.
— *Les vacances d'un grand-père*; 4ᵉ édition. 1 vol. avec 40 gravures d'après G. Delafosse.
— *Le vieux de la forêt*; 3ᵉ édition. 1 vol. avec 40 gravures d'après Sahib.
— *Les deux reines*; 2ᵉ édit. 1 vol. avec 39 gravures d'après Delort.
— *Les mésaventures de Mlle Thérèse*; 3ᵉ édition. 1 vol. avec 29 gravures d'après Charles.
— *Les frères de lait*; 2ᵉ édition. 1 vol. avec 42 gravures d'après E. Zier.
— *Magali*; 2ᵉ éd. 1 vol. avec 36 grav. d'après Tofani.
— *Les deux André*. 1 vol. avec 45 gravures d'après Tofani.
— *Deux tantes*. 1 vol. avec 42 gravures d'après Ed. Zier.
— *Violence et bonté*. 1 vol. avec 36 gravures d'après Tofani.
— *L'embarras du choix*. 1 vol. avec 40 gravures d'après Tofani.
— *Petit Jacques*. 1 vol. avec 48 gravures d'après Tofani.
— *La famille Coquelicot*. 1 vol. illustré de 30 gravures d'après Jeanniot.

Swift : *Voyages de Gulliver*, traduits de l'anglais et abrégés à l'usage des enfants. 1 vol. avec 57 gravures d'après G. Delafosse.

Tournier : *Les premiers chants*, poésies à l'usage de la jeunesse; 2ᵉ édition. 1 vol. avec 20 gravures d'après Gustave Roux.

Verley : *Miss Fantaisie*. 1 vol. avec 36 grav. d'après Zier.

Vimont (Ch.) : *Histoire d'un navire*; 8ᵉ édit. 1 vol. avec 40 grav. d'après Alex. Vimont.

Witt (Mme de), née Guizot : *Enfants et parents*; 4ᵉ édition. 1 vol. avec 31 gravures d'après A. de Neuville.
— *La petite fille aux grand'mères*; 4ᵉ édit. 1 vol. avec 36 gravures d'après Beau.
— *En quarantaine*, jeux et récits; 2ᵉ édit. 1 vol. avec 48 gravures d'après Ferdinandus.

3ᵉ SÉRIE. — POUR LES ADOLESCENTS
ET POUVANT FORMER UNE BIBLIOTHÈQUE POUR LES JEUNES FILLES DE 14 A 18 ANS

VOYAGES

Agassiz (M. et Mme) : *Voyage au Brésil*, traduit et abrégé par J. Belin-de Launay ; 3ᵉ édition. 1 vol. avec 15 gravures et 1 carte.

Aunet (Mme d') : *Voyage d'une femme au Spitsberg* ; 6ᵉ édit. 1 vol. avec 31 gravures.

Baines : *Voyages dans le sud-ouest de l'Afrique*, traduits et abrégés par J. Belin-de Launay ; 2ᵉ édit. 1 vol. avec 22 grav. et 1 carte.

Baker : *Le lac Albert. Nouveau voyage aux sources du Nil*, abrégé par J. Belin-de Launay ; 2ᵉ édit. 1 vol. avec 16 grav. et 1 carte.

Baldwin : *Du Natal au Zambèze, 1851-1860. Récits de chasses*, abrégés par J. Belin-de Launay ; 3ᵉ édit. 1 vol. avec 24 grav. et 1 carte.

Burton (Le capitaine) : *Voyages à la Mecque, aux grands lacs d'Afrique et chez les Mormons*, abrégés par J. Belin-de Launay ; 2ᵉ édit. 1 vol. avec 12 gravures et 3 cartes.

Catlin : *La vie chez les Indiens*, traduite de l'anglais ; 6ᵉ édition. 1 vol. avec 25 gravures.

Fonvielle (W. de) : *Le glaçon du Polaris. Aventures du capitaine Tyson* ; 3ᵉ édit. 1 vol. avec 19 gravures et 1 carte.

Hayes (Dʳ) : *La mer libre du pôle*, traduite par F. de Lanoye et abrégée par J. Belin-de Launay ; 2ᵉ édition. 1 vol. avec 14 gravures et 1 carte.

Hervé et de Lanoye : *Voyage dans les glaces du pôle arctique* ; 6ᵉ édition. 1 vol. avec 40 gravures.

Lanoye (F. de) : *Le Nil, son bassin et ses sources* ; 4ᵉ édit. 1 vol. avec 32 gravures et cartes.
— *La Sibérie* ; 2ᵉ édition. 1 vol. avec 48 gravures d'après Lebreton, etc.
— *Les grandes scènes de la nature* ; 5ᵉ édit. 1 vol. avec 40 gravures.
— *La mer polaire, voyage de l'Érèbe et de la Terreur* ; 4ᵉ édit. 1 vol. avec 29 gravures et des cartes.

Livingstone : *Explorations dans l'Afrique australe*, abrégées par J. Belin-de Launay ; 5ᵉ édit. 1 vol. avec 20 gravures et 1 carte.
— *Dernier journal*, abrégé par J. Belin-de Launay ; 2ᵉ édition. 1 vol. avec 16 gravures et 1 carte.

Mage (L.) : *Voyage dans le Soudan occidental*, abrégé par J. Belin-de Launay ; 2ᵉ édit. 1 vol. avec 16 gravures et 1 carte.

Milton et Cheadle : *Voyage de l'Atlantique au Pacifique*, trad. et abrégé par J. Belin-de Launay ; 2ᵉ édit. 1 vol. avec 16 grav. et 2 cartes.

Mouhot (Ch.) : *Voyage dans les royaumes de Siam, de Cambodge et de Laos* ; 4ᵉ édition. 1 vol. avec 23 gravures et 1 carte.

Palgrave (W. G.) : *Une année dans l'Arabie centrale*, trad. abrégée par J. Belin-de Launay ; 2ᵉ édition. 1 vol. avec 12 grav. et 1 carte.

Pfeiffer (Mme) : *Voyages autour du monde*, abrégés par J. Belin-de Launay ; 5ᵉ édition. 1 vol. avec 16 gravures et 1 carte.

Piotrowski : *Souvenirs d'un Sibérien* ; 3ᵉ édit. 1 vol. avec 10 gravures.

Schweinfurth (Dʳ) : *Au cœur de l'Afrique (1868-1871)*, traduit par Mme H. Loreau, et abrégé par J. Belin-de Launay ; 2ᵉ édition. 1 vol. avec 16 gravures et 1 carte.

Speke : *Les sources du Nil*, édition abrégée par J. Belin-de Launay ; 3ᵉ édition. 1 vol. avec 24 gravures et 3 cartes.

Stanley : *Comment j'ai retrouvé Livingstone*, trad. par Mme H. Loreau et abrégé par J. Belin-de Launay ; 4ᵉ édit. 1 vol. avec 16 gravures et 1 carte.

Vambery : *Voyages d'un faux derviche dans l'Asie centrale*, traduits par E. Forgues, et abrégés par J. Belin-de Launay ; 4ᵉ édit. 1 vol. avec 18 gravures et 1 carte.

HISTOIRE

Loyal Serviteur (Le) : *Histoire du gentil seigneur de Bayard*, revue et abrégée, à l'usage de la jeunesse, par Alph. Feillet ; 4e éd. 1 vol. avec 36 gravures d'après P. Sellier.

Monnier (M.) : *Pompéi et les Pompéiens*; 3e édition, à l'usage de la jeunesse. 1 vol. avec 23 gravures d'après Thérond.

Plutarque : *Vies des Grecs illustres*, édition abrégée par Alph. Feillet, 5e édit. 1 vol. avec 53 gravures d'après P. Sellier.

— *Vies des Romains illustres*, édit. abrégée par Alph. Feillet. 5e édit. 1 vol. avec 69 grav.

Retz (De) : *Mémoires*, abrégés par Alph. Feillet. 1 vol. avec 35 gravures d'après Gilbert.

LITTÉRATURE

Bernardin de Saint-Pierre : *Œuvres choisies*. 1 vol. avec 12 gravures d'après E. Bayard.

Cervantes : *Don Quichotte de la Manche*. 1 vol. avec 64 grav. d'après Bertall et Forest.

Homère : *L'Iliade et l'Odyssée*, traduites par P. Giguet, abrégées par Alph. Feillet. 1 vol. avec 33 gravures d'après Olivier.

Le Sage : *Aventures de Gil Blas*, édition destinée à l'adolescence. 1 vol. avec 50 gravures d'après Leroux.

Mac-Intosh (Miss) : *Contes américains*, traduits par Mme Dionis ; 2e édition. 2 vol. avec 120 gravures d'après E. Bayard.

Maistre (X. de) : *Œuvres choisies*. 1 vol. avec 15 gravures d'après E. Bayard.

Molière : *Œuvres choisies*, abrégées à l'usage de la jeunesse. 2 vol. avec 22 gravures d'après Hillemacher.

Virgile : *Œuvres choisies*, traduites et abrégées à l'usage de la jeunesse, par Th. Barrau et Alph. Feillet. 1 vol. avec 20 gravures d'après les grands peintres, par P. Sellier.

PETITE BIBLIOTHÈQUE DE LA FAMILLE

Format petit in-12

A 2 FRANCS LE VOLUME

LA RELIURE EN PERCALINE GRIS PERLE, TRANCHES ROUGES,
SE PAIE EN SUS 50 C.

Champol : *En deux mots.* 1 vol.

Fleuriot (Mlle Z.) : *Tombée du nid.* 2ᵉ éd. 1 vol.
— *Raoul Daubry, chef de famille.* 2ᵉ éd. 1 vol.
— *L'héritier de Kerguignon.* 3ᵉ édit. 1 vol.
— *Réséda.* 10ᵉ édit. 1 vol.
— *Ces bons Rosaec.* 2ᵉ édit. 1 vol.
— *La vie en famille.* 9ᵉ édit. 1 vol.
— *Le cœur et la tête.* 2ᵉ édit. 1 vol.
— *Au Galadoc.* 1 vol.
— *De trop.* 1 vol.
— *Le théâtre chez soi, comédies et proverbes.* 2ᵉ édit. 1 vol.
— *Sans Beauté,* 18ᵉ édit. 1 vol.
— *Loyauté.* 1 vol.
— *La clef d'or.* 1 vol.
— *Dengale.* 1 vol.
— *La glorieuse.* 1 vol.
— *Un fruit sec.* 1 vol.

Fleuriot Kérinou : *De fil en aiguille.* 1 vol.

Girardin (J.) : *Les théories du docteur Wurts.* 1 vol.

Girardin (J.) (suite) : *Miss Sans-Cœur.* 4ᵉ édit. 1 vol.
— *Les Braves gens.* 1 vol.
— *Mauviette.* 1 vol.

Giron (Aimé) : *Braconnette.* 1 vol.

Marcel (Mme J.) : *Le Clos-Chantereine.* 1 vol.

Nanteuil (Mme P. de) : *Les élans d'Élodie.* 1 vol.

Verley : *Une perfection.* 1 vol.
Ouvrage couronné par l'Académie française.

Wiele (Mme Van de) : *Filleul du roi.* 1 vol.

Witt (Mme de), née Guizot : *Tout simplement.* 2ᵉ édit. 1 vol.
— *Reine et maîtresse.* 1 vol.
— *Un héritage.* 1 vol.
— *Ceux qui nous aiment et ceux que nous aimons.* 1 vol.
— *Sous tous les cieux.* 1 vol.
— *A travers pays.*
— *Vieux contes de la veillée.* 1 vol.
— *Regain de vie.* 1 vol.
— *Contes et légendes de l'Est.* 1 vol.
— *Les chiens de l'amiral.* 1 vol.
— *Sur quatre roues.* 1 vol.

D'AUTRES VOLUMES SONT EN PRÉPARATION

COULOMMIERS. — IMP. PAUL BRODARD. — 454-9-94. 100,000.

www.ingramcontent.com/pod-product-compliance
Lightning Source LLC
Chambersburg PA
CBHW060412170426
43199CB00013B/2111